Tierstudien 04/2013
Metamorphosen

Tierstudien

04/2013

Metamorphosen

Herausgegeben von
Jessica Ullrich und Antonia Ulrich

Neofelis Verlag

Tierstudien
04/2013: Metamorphosen
Hrsg. v. Jessica Ullrich / Antonia Ulrich

Bibliografische Information der Deutschen Nationalbibliothek
Die Deutsche Nationalbibliothek verzeichnet diese Publikation in der Deutschen Nationalbibliografie; detaillierte bibliografische Daten sind im Internet über http://dnb.d-nb.de abrufbar.

Umschlaggestaltung: Marija Skara
Druck: PRESSEL Digitaler Produktionsdruck, Remshalden
Gedruckt auf FSC-zertifiziertem Papier.
ISSN: 2193-8504
ISBN: 978-3-943414-12-7
2. Auflage, 2022

Erscheinungsweise: zweimal jährlich
Jahresabonnement 20 €, Einzelheft 12 €
Erhältlich in Ihrer Buchhandlung oder direkt beim Neofelis Verlag unter:
vertrieb@neofelis-verlag.de

Ein Abonnement verlängert sich automatisch um ein Jahr, wenn die Kündigung nicht mindestens drei Monate vor Ende des Kalenderjahrs erfolgt ist.

Inhalt

Künstlerische Positionen

Rezensionen

Editorial

Metamorphosen sind Umgestaltungen oder Verwandlungen. Sie stellen immer ein Werden dar und verlaufen prozesshaft. In dieser Ausgabe von *Tierstudien* stehen nicht so sehr die zoologischen Aspekte der Metamorphose im Vordergrund. Es geht also weniger auf einer biologisch-physiologischen Ebene um das spezifisch tierliche Vermögen der individuellen Gestaltwandlung (z. B. bei Insekten oder Amphibien), sondern vor allem um die geistig-kulturelle Dimension von Tiermetamorphosen in Mythen, Religionen, Kunst, Literatur und Wissenschaft. Hier verwandeln sich Tiere in andere Tiere oder auch in Menschen oder Pflanzen. Umgekehrt werden Menschen oder Götter zu Tieren. In Verwandlungsmythen, etwa von Homer, Apuleius oder Ovid, haben Metamorphosen Funktionen wie z. B. Strafe, Belohnung oder Schutz. Sie können willentlich oder unwillentlich ablaufen, kontinuierlich oder diskontinuierlich, fortschrittlich oder regressiv sein. Sie können sowohl von physiologischen oder anderen Naturvorgängen verursacht werden als auch von menschlichen oder gesellschaftlichen Faktoren.

Darüber hinaus können Menschen Metamorphosen durchmachen, wenn sie sich – im Rahmen des Möglichen – auf die Perspektive anderer Tiere einlassen: Erzähler_innen und Rezipient_innen der Metamorphosen verändern sich dabei selbst. Und schließlich können Umformungen von Tieren auch metaphorischer Bestandteil von Gesellschaftsutopien sein.

Der Schwerpunkt dieser Ausgabe von *Tierstudien* liegt dabei auf der Literatur. Mehrere Beiträge beschäftigen sich mit der Metamorphose in Dichtkunst und Prosa. Ovids *Metamorphosen*, die „‚Mutter' aller Verwandlungsgeschichten"[1] bleibt dabei aber auch in Texten aus anderen Disziplinen die Folie, vor der Umwandlungen aller Art verhandelt werden. So auch in den ersten beiden Beiträgen: Anna Grasskamp widmet sich Korallenfragmenten in Kunstkammern des 16. und 17. Jahrhunderts. Insbesondere in der Betrachtung der Skulpturen von Daphne und Aktaion zeigt sie die besondere Eignung des natürlich transformierten und potentiell vielgestaltigen Naturmaterials für Themen, die auch inhaltlich das Metamorphosenmotiv

1 Manuela Rossini: Submarine Spielformen menschlicher *Ex*istenz von Christoph Ransmayr – ein Wassermann erzählt, in diesem Band, S. 39–49, hier S. 41.

aufgreifen. Und Kári Driscoll untersucht die literarische Gattung der Metamorphose anhand einer Analyse von Franz Kafkas *Die Verwandlung* sowie von Aktaions Verwandlung in einen Hirsch in Ovids *Metamorphosen*. Dabei konzentriert er sich nicht auf die Gestaltwandlungen, sondern auf die Transformation der Stimme.

Im Anschluss reflektieren Manuela Rossini und Andreas Ohme einen gesellschaftskritischen und utopischen Posthumanismus in der Literatur. Manuela Rossini widmet sich Christoph Ransmayrs posthumanistischer Schöpfungsgeschichte *Damen & Herren unter Wasser*, in der sich Identitäten frei flottierend, aber durchaus von naturwissenschaftlichen Erkenntnissen beeinflusst von Mensch zu Fisch formieren. Rossini sieht in der literarisch vorgeführten nicht-essentialistischen Hybridisierung der Lebensformen utopisches Potential für eine unhierarchische Tier-Mensch-Beziehung. Andreas Ohme zeigt an Viktor Pelevins satirischem Roman *Das Leben der Insekten*, wie sich Tiere eignen, verdeckte Gesellschaftskritik zu üben und anthropologische Grundfragen zu verhandeln. Indem sich Menschen schlagartig in Stechmücken, Fliegen oder Käfer verwandeln, wird der metamorphotische Übergang der Sowjetunion von einer sozialistischen in eine kapitalistische Gesellschaft reflektiert.

Die beiden folgenden Texte widmen sich natur- und kunstgeschichtlichen Metamorphosendarstellungen. Silke Förschler beschäftigt sich mit der Ästhetik der Metamorphose in naturhistorischen Tierdarstellungen der Frühen Neuzeit. Dabei stellt sie Bildmuster, die visuell glaubwürdige Metamorphosen unabhängig von tatsächlichen biologischen Vorgängen zeigen, solchen gegenüber, die sich auf die spezifischen tierphysiologischen Prozesse einlassen und sie dann mit zeitgenössischen ästhetischen Ordnungssystemen verbinden. André Krebber nimmt die Metamorphosendarstellungen Maria Sibylla Merians in den Blick. Aufgrund einer sorgfältigen Analyse ausgewählter Abbildungen aus ihrem bekannten Surinam-Buch schließt er auf Merians nicht von Herrschaft durchdrungene Betrachtungsweise, die die Individualität ihrer Untersuchungsgegenstände anerkennt.

Der letzte Block schließlich reflektiert in drei Beiträgen aus unterschiedlicher fachlicher Perspektive die Überwindung der Speziesgrenzen durch Affekte und Entanglements. Anton Weise forscht in frühmittelalterlichen Heiligenviten und anderen hagiographischen Schriften danach, wie sich das Wesen von Tieren verändert, wenn sie sich in Gott oder Teufel, in ‚Gutes' oder ‚Böses' verwandeln. Er kommt zu dem Ergebnis, dass die frühmittelalterliche Literatur nicht von der Vorstellung einer klar gegliederten Weltordnung ausgeht und Gattungsgrenzen hier durchaus überwindbar erscheinen.

Alexandra Böhm beleuchtet die Liebesbeziehung zwischen einer Frau und einem Bären in Marian Engels Buch *Bear* vor dem Hintergrund von Donna Haraways Theorien des Entanglements. In der Begegnung mit dem wilden Tier bzw. im Werden-mit-dem Bär erfährt die Protagonistin eine Verwandlung, die ihrem Leben wieder einen Sinn gibt.

Abschließend geht es Markus Kurth in seinem Beitrag um eine Dezentrierung der Kategorie Spezies. Ausgehend von aktuellen Affekttheorien sowie Gilles Deleuze und Félix Guattaris Konzept des Tier-Werdens wirft er Schlaglichter auf so unterschiedliche Phänomene wie den Klugen Hans, Konrad Lorenz als Gänsemutter oder Plastikstrudel in den Weltmeeren, um unterschiedliche Bilder von relationalen Gefügen und von nicht-menschlicher Agency aus einer post-anthropozentrischen Perspektive zu analysieren.

Auch in dieser Ausgabe zeigen wir wieder zwei Künstler_innenstrecken: Volker Eichelmann arbeitet mit dem Prinzip der Collage. In seiner Arbeit *Metamorphosis (I wanna know, yeah, I wanna know)* (2013), deren Titel einen Song der Pet Shop Boys zitiert, geht es um mediale Umgestaltungen von Tieren. Diese werden in verschiedenen kulturellen Umformungen präsentiert: Auf Zeitschriften- und Buchausschnitten sind antike Skulpturen, eine Maske, Dokumentaraufnahmen oder die modefotografische Inszenierung eines Menschen in einem tierlichen Setting zu sehen (zwischen und verdeckt von Pflanzenblättern wird ein Mann so platziert, dass die Inszenierung einer Tierdokumentarfotografie ähnelt). Während die verwendeten Magazinfragmente das Publikationsmedium, diese Zeitschrift, über die Bildstrecke hinweg partiell in andere Magazine verwandeln, verweist die scheinbar provisorische Anbringung bzw. Heftung der sich überlagernden Bildfragmente auf das Prozessuale und Temporäre kultureller Tierrepräsentationen.

Dass die gewaltsame Metamorphose eines lebendigen Tierkörpers in ein Stück Ware zumindest im Rahmen eines Kunstwerks symbolisch wieder rückgängig gemacht werden kann, zeigt das Künstler_innenduo Hörner/Antlfinger. Die Installation *Kramfors* von

2012 unternimmt in aufklärerischer Absicht die Dekonstruktion des gleichnamigen Ledersofas eines großen schwedischen Möbelhauses. Die Künstler_innen zeigen die verschiedenen Phasen gestalterischen Tuns, die nötig waren, um aus der abgezogenen und zu einem Massenprodukt verarbeiteten Haut eines Tierindividuums wieder ein erkennbares Kalb zu bilden. Das gehäutete Sofa dient dann als Sockel für die Tierskulptur, die den Betrachter_innen exemplarisch vor Augen führt, über wessen Leiche für dieses Lederprodukt gegangen werden musste.
Im Zusammenspiel legen letztlich die Beiträge dieser Ausgabe von *Tierstudien* die Notwendigkeit der Wandlung des Tier-Mensch-Verhältnisses als Zukunftsvision nahe.

Jessica Ullrich / Antonia Ulrich

Ovid und die Folgen
in Kunst und Literatur

Metamorphose in Rot

Die Inszenierung von Korallenfragmenten in Kunstkammern des 16. und 17. Jahrhunderts

Anna Grasskamp

Korallen sind Überreste von Kalkskeletten, die durch Nesseltiere produziert wurden. Im 16. Jahrhundert wurde Koralle jedoch, den Beschreibungen Plinius des Älteren in der *Naturalis Historia* folgend, als transformierte Naturalie gesehen, als eine Pflanze, die sich in Stein verwandelte.[1] Auch in antiken Mythen erscheint sie als sich veränderndes Material: Ovids *Metamorphosen* gemäß ist der Ursprung der Koralle Medusas Blut, das Zweige benetzt.[2] Basierend auf Naturspekulation und Antikenrezeption wurde der Aspekt der Verwandlung in den Kunstkammern des späten 16. und frühen 17. Jahrhunderts in dreierlei Hinsicht inszeniert: bezüglich materieller und formensprachlicher Metamorphosen der Koralle, der Transformation von Naturalie zu Artefakt sowie hinsichtlich der Vorstellungen von ihrem Herkunftsort, der vielgestaltig zwischen geografisch und mythologisch definierten Räumen changierte.

Korallene Metamorphose: Daphnes und Aktaions doppelte Transformation

Das wohl berühmteste Beispiel eines Kunstkammer-Objektes, das Koralle in sich trägt, ist das Daphne-Trinkgefäß, das Wenzel Jamnitzer 1569–1576 schuf.[3] (Abb. 1) Es erscheint 1640 im Kunstkammer-Inventar von Dresden als „Silberne vergüldete jungfrau, welche ein gros corallengewächße, aus ihren kopf und armen wachsende, tragen thut, mit grün eingelaßenen silbern rauten streuchen", darauf folgt:

Ich danke der *Hulsewé-Wazniewski Stichting ter bevordering van onderwijs en onderzoek aan de Universiteit Leiden op het gebied van archeologie, kunst en materiële cultuur van China* und bin Julia Selzer dankbar für das Gegenlesen des Textes.

1 Zum Beispiel in André Thevet: *La Cosmographie universelle*, 1575, siehe Antoine Schnapper: *Le géant, la licorne et la tulipe*. Paris: Flammarion 1988, S. 22.

2 Publius Ovidius Naso: *Metamorphoses*, übers. v. Anthony S. Kline. http://ovid.lib.virginia.edu/trans/Ovhome.htm (Zugriff am 01.12. 2012), Buch IV, S. 706–752.

3 Oder das in derselben Gussform hergestellte Artefakt: Abraham Jamnitzer, *Daphne*, Nürnberg 1580–1586, Silber, teilweise vergoldet, Koralle. Staatliche Kunstsammlungen Dresden, Grünes Gewölbe, Inv. Nr. 260.

Abb. 1
Wenzel Jamnitzer: *Daphne*
Nürnberg 1569–1576.
Silber, z. T. vergoldet, Koralle, Emaille, Erz, Edelsteine.
66,5 cm.
Musée National de la Renaissance, Ecouen.

„Der jäger Acteon, von silber gantz verguldet und mit farben eingelaßen, sambt 2 hunden und einen sauspiß in der hand, uf deßen kopfe, welcher wie ein hirsch formiret, ein schöner corallen“[4], eine Skulptur, die Jeremias Ritter zugeschrieben wird. (Abb. 2) Beide Motive speisen sich aus Ovids *Metamorphosen*, in denen Daphne auf der Flucht vor dem liebestollen Apollon zum Lorbeerbaum mutiert und Aktaion zum Hirschen wird. Durch ihre spiegelnde Oberfläche befinden sich der Körper der Nymphe, die zum Baum, und der Torso des Jägers, der zum Tier wird, silbern reflektierend zwischen Licht und Materie, realem Raum und optischer Reflektion. Ähnlich dem goldenen Bilderrahmen, der „weder reflektierende Oberfläche noch das Reflektierte“ ist, weder Wand noch Bildkörper, befinden sich auch

4 Theodosius Häsel: Inventar der Sammlungen des sächsischen Kurfürsten Johann Georg, 1610. In: Ders.: *Die Inventare der kurfürstlich-sächsischen Kunstkammer in Dresden / Das Inventar von 1640*, hrsg. v. Dirk Syndram / Martina Minning. Dresden: Sandstein 2010, fol. 108r.

Abb. 2
Jeremias Ritter: *Aktaion*
Nürnberg 1609–1629.
Silber, z. T. vergoldet,
Koralle. 49,2 cm.
Staatliche Kunstsammlungen Dresden,
Grünes Gewölbe.

die edelmetallenen Figuren von Daphne und Aktaion „irgendwo dazwischen“:[5] zwischen Objekt und Spiegelung, menschenähnlicher Figur, Pflanze und Tier. Im Gegensatz hierzu setzten die Goldschmiede in beiden Artefakten Korallenfragmente ein, um bereits verwandelte Körperteile darzustellen: das *natürlich* transformierte Material Koralle, das in der Vorstellungswelt des 16. Jahrhunderts von Pflanze zu Stein mutierte, entspricht dem *mythisch* veränderten Teil der Skulptur. Die Metamorphose ist verdoppelt, hat eine materielle und eine inhaltliche Komponente, die signalrot ins Auge sticht.

Die Verbindung von Koralle und Zweig, wie sie in Jamnitzers *Daphne* erscheint, war weiträumig geläufig. Im Inventar der Sammlung des Sigmund von Tirol ist 1486 die Rede von „astigen corallen“[6] und das

5 José Ortega y Gasset: Meditations on the Frame. In: *Perspecta* 26 (1990), S. 185–190, hier S. 190. Dank an Mark Meadow für den Literaturhinweis.

6 Inventar des Silbergeschirrs von Erzherzog Sigmund 1486, hrsg. v. David Ritter von Schönherr. In: *Jahrbuch der kunsthistorischen Sammlungen des allerhöchsten Kaiserhauses* 1. Wien: Halm & Goldmann 1883, S. 209–211, hier S. 211.

Münchner Kunstkammerinventar von 1598 verwendet botanische Begriffe zur Korallenbeschreibung.[7] Auch die deskriptive Verbindung von Koralle und Geweih war gebräuchlich, wie das Ambrasser Inventar von 1596 belegt, das ein Korallenfragment das „gleicht sich ainem rechkhirn“[8] nennt.

Während *Daphne* als Artefakt, das in verschiedenen Hinsichten eine „Meditation [Jamnitzers] zu Prozessen der Metamorphose“[9] darstellt ein Novum war, hatte Ritters korallengehörnter Aktaion Vorgänger, ein hirschförmiges Trinkgefäß[10] und „Fuer in die [Kunst]kammer […] zwen silberne vergult hirschn mit corallen gestiemen“[11]. Das Verschleifen von Koralle und Geweih findet in einem Objekt in den kaiserlichen Sammlungen in Prag besonderen Ausdruck: „1 stuckh stain auß dem meer, daraus oder darauff ein schoen vilzingketer rotter corall gewachsen, der stain aber ist formirt und außgehawen worden in form eines ligenden hirschen, und steht ihm der corallin zinckh anstatt des gestembs uf dem kopf“[12]. Dieser Hirsch mit Korallengeweih ist von der Natur „formirt“ aber gleichermaßen „außgehawen“, eine Differenzierung zwischen Gewachsenem und Modifiziertem, die eng mit dem Renaissance-Thema von natürlicher Form und artifizieller Figur verwoben ist.

7 Johann Baptist Fickler: Das Inventar der Münchner herzoglichen Kunstkammer 1598. In: Peter Diemer / Elke Bujok / Dorothea Diemer / Willibald Sauerländer (Hrsg.): *Die Münchner Kunstkammer*. München: C. H. Beck 2008, S. 1–1062, hier S. 399 (1159).

8 Inventar der Sammlungen des Erzherzoges Ferdinand II. in Ambras 1596. In: Urkunden, Acten und Regesten aus dem Archiv des Ministeriums des Innern, hrsg. v. Heinrich Zimerman. In: *Jahrbuch der kunsthistorischen Sammlungen des allerhöchsten Kaiserhauses* 7 (II). Wien: Halm & Goldmann 1888, S. 226–313, hier S. 297.

9 Pamela Smith: Collecting Nature and Art. In: Barbara Hannawalt / Lisa Kiser (Hrsg.): *Engaging With Nature*. Notre Dame, IN: University of Notre Dame Press 2008, S. 115–136, hier S. 126.

10 Andreas Rosa, *Hirsch im Galopp*, Nürnberg, 1603–1609, Silber, z. T. vergoldet, Koralle, 43,7 cm. Staatliche Kunstsammlungen Dresden, Grünes Gewölbe, Inv.-Nr. IV 119.

11 Hofzahlamtsrechnung 1568. In: Urkunden und Regesten aus der K.u.K. Hofbibliothek, hrsg. v. Wendelin Boeheim. In: *Jahrbuch der kunsthistorischen Sammlungen des allerhöchsten Kaiserhauses* 7 (II), S. 127.

12 Inventar der Sammlungen des Kaisers Rudolf II. 1607–1611. In: Das Kunstkammerinventar Kaiser Rudolfs II., hrsg. v. Rotraud Bauer / Herbert Haupt. In: *Jahrbuch der kunsthistorischen Sammlungen in Wien* 72. Wien: Halm & Goldmann 1976, S. 15.

Aus Kalk wird Kunst: Natürliche Form und artifizielle Figur

Das Spannungsfeld zwischen dem natürlich Gewachsenen und dem von Künstlerhand Transformierten ist ein klassisches Motiv der italienischen Gartenanlagen des 16. Jahrhunderts.[13] Mit dem Import des *grotta*-Konzeptes von Italien nach Mitteleuropa gelangten auch Materialien zur Grotten-Herstellung von Süd nach Nord,[14] unter denen Koralle eine wesentliche Rolle spielte, da sie Aspekte materieller Transformation mit der Darstellung mythologisch definierter Metamorphosen verband.[15] Auch der Münchner Grottenhof des Wittelsbacher Herzogs Wilhelm V. präsentierte Koralle neben muschelbesetzten Hermen mit gleichermaßen skulptierten wie natürlich geformten Oberflächenstrukturen. Seit Elisabeth Scheicher Grotten als Inspirationsquelle für die Korallenkästen in den Kunstkammern von Ambras und München identifizierte,[16] werden diese aufgrund der inhärenten Dialektik von Form und Figur als Miniaturgrotten bezeichnet.

Die aus Koralle geschnitzten Motive in den Korallenkästen, die sowohl weitgehend natürlich belassene als auch skulptierte Koralle ausstellen, lassen sich in drei Kategorien einteilen: Kreuzigungen und den Märtyrer-Tod des heiligen Sebastian,[17] Reiter-Figuren[18] und Wasserkreaturen.[19] (Abb. 3) So verschieden diese Motive auf den ersten Blick erscheinen, ist ihnen gemeinsam, dass sie durch geringfügige Modifizierungen der Korallenform geschaffen wurden, ein Umstand,

13 Michel Jeanneret: *Perpetuum mobile*. Paris: Macula 1997, S. 139–153. Dank an Mark Meadow für den Literaturhinweis.

14 Hilda Lietzmann: *Der Landshuter Renaissancegarten Herzog Wilhelms V. von Bayern*. München / Berlin: Deutscher Kunstverlag 2001, S. 114, 116, 119.

15 Susan Maxwell: The Pursuit of Art and Pleasure in the Secret Grotto of Wilhelm V of Bavaria. In: *Renaissance Quarterly* 61,2 (2008), S. 414–462, hier S. 431–433; Philippe Morel: La théâtralisation de l'alchimie de la nature. In: *Symboles de la Renaissance* 3 (1990), S. 153–183.

16 Elisabeth Scheicher: Korallen in fürstlichen Kunstkammern des 16. Jahrhunderts. In: *Weltkunst* 52 (1982), S. 3447–3450, hier S. 3449.

17 Zu korallenen Kreuzigungsdarstellungen in Kunstkammern: Lorentz Seelig: Kommentar. In: Diemer et al. (Hrsg.): *Die Münchner Kunstkammer*, S. 462 (1432), 510 (1654), 519 (1689). Zu Skulpturen des heiligen Sebastian: Lorentz Seelig: Kommentar. In: Ebd., S. 447 (1381), 501 (1603).

18 Delphine mit Reitern, Junge auf Meeresdrachen, Bacchus auf Weinfass, Charon auf einem Boot.

19 Neptun, Delfine, Walfische, Schlangen, Würmer und Drachen.

Abb. 3: *Korallenkabinett*, 1550–1600.
Holz, Perlen, Perlmutter, Korallen, Gips, Spiegelglas, Samt, Glas, Goldborten, Bronze, Lapislazuli, Vergoldung. H. 66 cm, B. 55 cm, T. 56,2 cm.
Kunsthistorisches Museum Wien, Sammlungen Schloss Ambras.

der auch auf die wenigen Artefakte zutrifft, die sich der oben skizzierten Kategorisierung entziehen, etwa eine aus „ainem stuckh" gemachte Remus und Romulus säugende Lupa Capitolina.[20]

Die Spannung zwischen Korallenform und in ihr ruhender Figur sorgte für einen Konflikt, als Herzog Wilhelm versuchte, über den Augsburger Goldschmied, Korallen- und Juwelenschneider Daniel

20 Fickler: Inventar Münchner Kunstkammer, S. 491 (1577).

von Odratzheim zu bestimmen, den er zeitweise an seinen Hof geholt hatte.[21] Wie Hilda Lietzmann angibt, beendete der Wittelsbacher seine Aufträge an von Odratzheim, nachdem jener erklärt hatte, nicht in der Lage zu sein, eine vom Herzog ersonnene Skulptur aus der dafür vorgesehenen Koralle zu schneiden.[22] Nicht jede denkbare Figur schien sich in der natürlichen Form der Koralle zu befinden. Abgesehen von formensprachlichen Aspekten spielte wohl die Wahrnehmung von Koralle als „leibfarb“[23] eine Rolle bei der Materialwahl für die Darstellung unbekleideter Figuren, etwa eines „nackhenden Mann aus corallen“[24] und Adam und Eva im Paradies.[25] Lorenz Seelig stimmt Mario Scalini und Dagmar Eichberger zu, Koralle „nicht zuletzt wegen der implizierten Allusion auf das Blut Christi“[26] als bevorzugten Werkstoff blutroter Skulptur zu interpretieren. Dies trifft auf die Kreuzigungsszenen zu und kommt in besonderem Maße auch in Darstellungen von Perseus und Herkules zum Tragen. Die Koralle öffnet hier zwei Bedeutungsebenen, eine metaphorische und eine materielle, da ihr mythologischer Ursprung als Medusas Blut dargestellt wird,[27] bzw. als das Blut der Hydra, mit dem Herkules seine Waffen imprägnierte.[28] Demnach färbte Körpersaft die Artefakte, Koralle ist Blut und Blut ist Koralle. Obwohl das Blut-Argument in bestimmten Darstellungen überzeugt, ist die Wahl von Koralle als Werkstoff doch in einem größeren Ausmaß durch die formensprachliche Komponente definiert: Während die Fragmente die verdrehten Körper Christi und des Heiligen Sebastian in sich tragen, sowie das Blut der Monster aus Ovids Erzählungen, verkörpern sie

21 Hilda Lietzmann: *Valentin Drausch und Herzog Wilhelm V. von Bayern.* Berlin / München: Deutscher Kunstverlag 1998, S. 23ff.

22 Ebd., S. 33.

23 Inventar Ambras, S. 297.

24 Fickler: Inventar Münchner Kunstkammer, S. 268 (827).

25 Ebd., S. 215 (634).

26 Lorentz Seelig: Kommentar. In: Diemer et al. (Hrsg.): *Die Münchner Kunstkammer*, S. 447 (1381), 462 (1432–1433). Seelig verweist auf Mario Scalini: Naturalia e arte orafa. In: *Di natura d'invenzione.* Ausstellungskatalog. Arezzo 1993, S. 53–63, hier S. 61, und Dagmar Eichberger: *Leben mit Kunst, Wirken durch Kunst.* Turnhout: Brepols 2002, S. 402.

27 Fickler: Inventar Münchner Kunstkammer, S. 476 (1489).

28 Herkules im Kampf mit Hydra, Genua 1550–1600, Koralle, Gips, Holz. H. 18,5 cm, L. 29,5 cm, B. 16 cm. Kunsthistorisches Museum Wien, Kunstkammer. Inv.-Nr. KK_1319.

auch gänzlich unblutige Szenen voller Meeresgeschöpfe und Satyrn, formen die Substanz für Romulus und Remus, Adam und Eva.

Visionen von Äthiopien: Die vielgestaltigen Herkunftsorte der Koralle

Einer der ersten Umschlagplätze für Koralle war Marseille, das ab 1561 Handelsverbindungen mit Algerien unterhielt.[29] Die Hafenstadt versorgte Frankreich mit dem fremdländischen Gut, wie eine Bemerkung Thomas Platters illustriert, der 1597 in den „corallierer unndt goldtschmidtgaßen" von Marseille „corallen unndt andere frembde meergewegs […] erkauft, wie man sie dann in gantz Frankreich nirgendt so komlich ankommen kann."[30] Auch die ersten Korallen, die 1568 Teil der Münchener Kunstkammer wurden, kamen via Marseille durch den Agenten Prunmayer,[31] andere als Geschenke aus Italien.[32] Weitere Sammlungsstücke wurden 1567–1573 unter Regie des Augsburger Handelsmannes und Bankiers Hans Fugger durch Christoph Rhem aus Genua importiert. Korrespondenzen dokumentieren Schiffsladungen[33] und Piratenübergriffe[34], ebenso wie Vertröstungen der Auftraggeber[35] und eine klaglos hingenommene Erhöhung des ursprünglichen Warenpreises ob der schwierigen Versorgungslage.[36] Ab 1572 schickte Herzog Albrecht seinen eigenen Agenten Niklas Heller nach Mailand[37] und kontaktierte über Battista Semino den Genuesen Battista Negrone Viale, den ein Brief von 1578 als

29 Paul Masson: Histoire des établissements et du commerce francais dans l'afrique barbaresques (1560–1793). http://www.vitaminedz.com/articlesfiche/1/1068.pdf (Zugriff am 01.01.2013), S.8ff, 16ff.

30 Thomas Platter: Marseille 1597. In: Ders.: *Beschreibung der Reisen durch Frankreich, Spanien, England und die Niederlande: 1595–1600*, hrsg. v. Rut Keiser. Basel: Schwabe 1968, S. 187.

31 Jacob Stockbauer: *Die Kunstbestrebungen am bayerischen Hofe unter Herzog Albert V. und seinem Nachfolger Wilhelm.* Wien: Braunmüller 1874, S. 110.

32 Lorentz Seelig: Kommentar. In: Diemer et al. (Hrsg.): *Die Münchner Kunstkammer*, S. 68–69 (193).

33 Brief Hans Fuggers an Paul von Eiß, 05.01.1572. In: Christl Karnehm / Maria Preysing (Hrsg.): *Die Korrespondenz Hans Fuggers von 1566 bis 1594*. München: C.H. Beck 2003, S. 280.

34 Brief Hans Fuggers an Herzog Wilhelm von Bayern, 08.08.1571. In: Ebd., S.242.

35 Brief Hans Fuggers an Niklas Heller, 24.05.1572. In: Ebd., S. 332.

36 Brief Hans Fuggers an Niklas Heller, 27.06.1573. In: Ebd., S. 460.

37 Brief Hans Fuggers an Christoph Rhem, 26.01.1572. In: Ebd., S. 286.

„Korallenmann" tituliert.[38] Das Bayern-Italien-Netzwerk umfasste zusätzlich die Mailänder Giovanni Antonio und Gasparo Visconti.[39] Auch Erzherzog Ferdinand von Tirol hatte Verbindungen nach Norditalien: 1581 erwarb er Korallen im Wert von 15.000 Gulden vom Genueser Händler Baptist Sermino[40] und bot 1590 dem Venezianer Baptist Vialla 300 Goldkronen für „schenen sachen von corallen, zinken und figuren."[41]

Aufgrund dieser Netzwerke wiesen die Kunstkammern in Ambras und München eine ungewöhnlich hohe Anzahl von Korallen auf, die sie etwa von den Sammlungen der britischen Krone unterschieden.[42] Denn Koralle war selbst für den Kaiser, den sozial und finanziell mächtigsten Sammler Europas, schwer erhältlich. Um 1525 enthielten die kaiserlichen Sammlungen lediglich ein „lädl voll korallen"[43], 1571 wurden Maximilian II. Korallen von Herzog Wilhelm überbracht und etwa ein Jahr später wünschte der Kaiser ein großes Korallenexemplar, weshalb Albrecht von Bayern Hans Fugger veranlasste, eine derartige „cosa rara"[44] aufspüren zu lassen. Noch 1610 erreichten Rudolf II. Korallen-Geschenke.[45]

38 Stockbauer: *Die Kunstbestrebungen*, S. 113. Zu Viale vgl. Alberta Bedocchi: *Documenti di collezionismo genovese fra XVI e XVIII secolo. I numismatici della lista Glotzius e la collezione Viale: cultura e business di una famiglia di corallieri nel mercato europeo delle anticaglie e del lusso*. Roma: Scienze e lettere 2012.

39 Stockbauer: *Die Kunstbestrebungen*, S. 91; Brief Gasparo Viscontis an Herzog Wilhelm, 30.06.1571. In: Mailänder Briefe zur bayerischen und allgemeinen Geschichte des 16. Jahrhunderts, hrsg. v. Henry Simonsfeld. In: *Abhandlungen der historischen Classe der königlich bayerischen Akademie der Wissenschaften* 22. München: Verlag der K.B. Akademie der Wissenschaften 1902, S. 266.

40 Nachricht Erzherzog Ferdinands an „tirolische kammer" 1581. In: Urkunden und Regesten aus dem K.K Statthalterei-Archiv in Innsbruck, hrsg. v. David von Schönherr. In: *Jahrbuch der kunsthistorischen Sammlungen des allerhöchsten Kaiserhauses* 5. Wien: Halm & Goldmann 1887, S. 189.

41 Nachricht Erzherzog Ferdinands an „oberösterreichische Kammer" 1590. In: Urkunden und Regesten aus dem K.K Statthalterei-Archiv in Innsbruck, hrsg. v. David von Schönherr. In: *Jahrbuch der kunsthistorischen Sammlungen des allerhöchsten Kaiserhauses* 17. Wien: Halm & Goldmann 1896, S. 10.

42 *Inventory of the Collections by King Henry VIII* 1547, hrsg. v. David Starkey / Philip Ward / Alasdair Hawkyard. London: Harvey Miller 1998, S. 83 (2898), 85 (3047), 85 (3244), 88 (3249), 88 (3398), 91 (9592), 206 (16018), 399 (16739), 415 (16741).

43 Inventar der Sammlungen von Kaiser Maximilian I. In: Urkunden und Regesten aus dem k.u.k. Reichs-Finanz-Archiv, hrsg. v. Franz Kreyczi. In: *Jahrbuch der kunsthistorischen Sammlungen des allerhöchsten Kaiserhauses* 5, S. 28–29, hier S. 28.

44 Karnehm / Preysing: *Die Korrespondenz Hans Fuggers*, S. 286.

45 Inventar der Sammlungen des Kaisers Rudolf II., S.16.

Abb. 4
Clement Kicklinger:
Straußenei-Pokal
Augsburg 1570/1575.
Straußenei, Koralle, Silber, vergoldet, z. T. bemalt.
56,8 cm.
Kunsthistorisches Museum Wien, Kunstkammer.

Solche Beschwerlichkeiten bei der Beschaffung rückten Koralle in die Nähe anderer importierter Raritäten, wie etwa Straußeneier. Solche Objekte waren Trophäen der Sammler, die viel Geld und diplomatisches Geschick bei der Jagd auf rare Schätze investieren mussten. Während Kaiser, Herzöge und Handelsherren Geweihe als Siegeszeichen lokaler Reviere in ihre Kunstkammern einbrachten, waren Korallen Trophäen ausländischen Jagdgebietes, stellvertretend überbracht durch ‚fremdländische' Jäger. Dieser Aspekt erscheint in einem Straußenei-Pokal von Clement Kicklinger (Abb. 4).
Hergestellt im Augsburg der 1570er Jahre präsentiert er zunächst das althergebrachte Motiv des Straußvogels, der ein Hufeisen als Zeichen seiner metallverdauenden Magenkräfte im Schnabel hält.[46] Die Kombination aus Koralle und Ei ist jedoch ebenso einzigartig wie die Hinzufügung einer dunkelhäutigen Figur mit einem Köcher voller Pfeile,

46 Kerstin Nürnberg-Brandes: *Das Ei des Straußen.* Saarbrücken: Dr. Müller 2008, S. 17–18, 112, 114, 124, 134, 136.

die in antiker Rüstung den in Ketten gelegten Vogel präsentiert. Der Jäger lässt das Tier ‚exotische' Schätze auf dem Rücken transportieren, während er es durch korallenes Unterholz führt. Die Materialität des Pokals ist zunächst eine Referenz an Afrika, den geographischen Herkunftsort von Vogel und Ei. Überdies ist sie aber auch ein Hinweis auf den bei Ovid beschriebenen mythologischen Geburtsort der Koralle, an dem Zweige durch Aufsaugen des Medusen-Blutes das rot gefärbte und verhärtete Korallendickicht formen,[47] das am Fuß des Pokals erscheint. Diese Transformation ereignet sich in „Äthiopien", dessen Bewohner – Ovids *Metamorphosen* zufolge – durch Helions Sturz im brennenden Sonnenwagen ihre dunkle Hautfarbe erhielten.[48] Die dunkelhäutige Figur, die in mythisch-antiker Rüstung durch das Korallendickicht in Kicklingers Pokal stapft, kann demnach als „Äthiopier" identifiziert werden.

Der vielgestaltige Herkunftsort der ‚fremdländisch-exotischen' Koralle war ein Land, das Perseus erreichte, indem er fliegend „unzählige" Nationen hinter sich ließ,[49] während man sich gleichermaßen dessen bewusst war, dass das rote Gut durch Agenten-Netzwerke vom Mittelmeer nach Mitteleuropa gelangte. Tatsächlicher und imaginierter Ursprung der Koralle überlappten, die geographisch orientierte Wahrnehmung verschliff mit einem Ort aus Ovids *Metamorphosen.*

Wie anhand von Inventaren, Korrespondenzen und Sammlerobjekten belegt, wurde durch die Zurschaustellung von Koralle in der Kunstkammer eine Metamorphose in Rot in materieller, formensprachlicher und räumlicher Hinsicht inszeniert. Dies geschah in augenfälliger Weise in Skulpturen aus dem Repertoire Ovids. Während in Jamnitzers *Daphne* und Ritters *Aktaion* Körper zu Pflanze und Tier mutieren, changieren sie silbern reflektierend zwischen Licht und Materie, wohingegen die Äste der Nymphe und das Geweih des Jägers bereits korallenrot im Endzustand der Metamorphose angelangt sind. Korallenbaum und Korallengeweih verkörpern die Metamorphose im doppelten Sinn, indem sie das natürlich transformierte Material Koralle, von dem man annahm, es wäre eine zu Stein verwandelte Pflanze, dem mythisch verwandelten Teil der Skulptur

47 Ovid: *Metamorphoses*, Buch IV, S. 706–752.

48 Ebd., Buch II, S. 227–271.

49 Ebd., Buch IV, S. 706–752.

gleichsetzen. Darüber hinaus verkörperte Koralle ein Potential der Vielgestaltigkeit, das Künstlern einen kreativen Spielraum durch artifizielle Modifizierungen der Natur bot: inszeniert in (Miniatur-) Grotten trug das natürliche Material hybride Gestalten in sich, die durch Polieren und Schnitzen transformiert und ‚zum Leben erweckt' wurden – Form mutierte zu Figur, aus Kalk wurde Kunst. Die Inszenierung der Korallenfragmente verwies nicht nur in materieller und formensprachlicher, sondern auch in räumlicher Hinsicht auf Aspekte der Transformation, da auch der Herkunftsort der Koralle vielgestaltig war, verwies er doch auf Ovids „Äthiopien", während die roten Adern des Korallenhandel-Netzwerkes einen realen geografischen Raum durchzogen.

„Das war eine Tierstimme“
Metamorphosen der Stimme bei Ovid und Kafka

Kári Driscoll

L'animal que je suis, parle-t-il ?
Jacques Derrida

Als literarische Form ist die ‚Metamorphose' vor allem der Unbeständigkeit der Formen gewidmet – eine Gattung also, in der sich die Gattungen ständig vermischen und in der folglich auch die Grenze zwischen Mensch und Tier prinzipiell in Frage gestellt wird. Dabei spielt die Stimme häufig eine entscheidende Rolle, denn obwohl die Sprache (*logos*) seit jeher als *differentia specifica* zwischen Mensch und Tier betrachtet wird, so ist jedoch die Stimme (*phonē*) beiden gemeinsam. Während die Sprache einen Grundstein der anthropologischen Differenz darstellt, droht die menschliche Stimme immer in eine Tierstimme umzukippen.

So werden in Ovids *Metamorphosen* die jeweiligen Verwandlungen auch häufig durch die Metamorphose der Stimme markiert. Der Held Actaeon, zum Beispiel, der auf der Jagd die Göttin Diana unversehens beim Baden überrascht und als Strafe von ihr in einen Hirsch verwandelt wird, merkt zunächst gar nicht, dass sich sein Körper verändert, sondern wundert sich lediglich über seine ungewohnte Schnelligkeit. Erst als er „Gesicht und Geweih im Wasserspiegel erblickte, wollte er sagen: ‚Wehe mir!', doch die Stimme gehorchte ihm nicht [*vox nulla secuta est*]. Er stöhnte auf: Das war jetzt seine Stimme [*vox illa fuit*].“[1] Als er also seine Klage in Worte fassen will, hat er keine Stimme (*vox nulla*), oder vielmehr, er hat eine Stimme, die aber nur aufstöhnen kann (*ingemuit*). Der Kern seiner Metamorphose liegt im Spannungsfeld zwischen diesen beiden *voces*, die man mithilfe der mittelalterlichen Bezeichnungen *vox articulata* und *vox confusa* unterscheiden könnte: Das Hauptmerkmal der einen ist, dass sie in schriftliche Sprache verwandelt werden kann, während die andere unmittelbar und folglich nicht zu verschriftlichen ist.[2] Wichtig ist dabei auch, dass

1 Ovid: *Metamorphosen*. Lat. / Dt., übers. u. hrsg. v. Michael von Albrecht, bibliograph. erg. Ausg. Stuttgart: Reclam 2003, S. 137 (III: 200–202).

2 Vgl. Thomas von Cantimpré: *Liber de natura rerum*. Berlin: de Gruyter 1973, S. 26:

die menschliche Stimme, die herkömmlicherweise als *articulata* gilt, zuweilen auch *confusa* sein kann: „Ein leidendes Thier sowohl, als der Held Philoktet, wenn es der Schmerz anfället, wird wimmern! wird ächzen!“[3] Nach der Verwandlung befindet sich Actaeon zwischen diesen beiden Polen: Als die Meute ihn überwältigt, gibt er „einen Laut von sich [*gemit ille sonumque*], der zwar kein Menschenlaut ist, doch ein Laut, wie ihn kein Hirsch ausstoßen könnte [*etsi non hominis, quem non tamen edere possit / cervus*].“[4] Was ist das für ein Laut, der weder menschlich noch tierisch ist?

Während Diana Actaeon in den Hirsch verwandelt, sagt sie höhnisch: „‚Jetzt darfst du gern erzählen, daß du mich unverhüllt gesehen hast – wenn du es noch erzählen kannst!‘ [*si poteris narrare*]“.[5] Die Metamorphose wird also explizit als Entzug der Stimme konzipiert, als Erzählverbot. Und tatsächlich: als seine Hunde ihn eingeholt haben, will er rufen: „‚Actaeon bin ich, erkennt euren Herrn!‘ Doch die Worte gehorchen seinem Willen nicht [*verba animo desunt*], der Äther hallt wider von Gebell.“[6] Ohne seine *vox articulata* ist er außerstande, sich als Herr zu behaupten, und seine Identität geht zugrunde im allgemeinen Lärm der *vocum confusarum.* Bemerkenswert ist auch, dass der Dichter an dieser Stelle die Jagdhunde fast alle *namentlich* genannt hat – außer Melampus (*Schwarzfuß*), dem ersten und Hylactor (*Belferer*, „mit durchdringender Stimme“) dem letzten, werden weitere *dreißig* über neunzehn Verse erwähnt, inklusive Herkunft und besonderer Merkmale. Nur Actaeon hat jetzt keinen Namen mehr, und wird gnadenlos zerfleischt.

„Jede Stimme ist entweder deutlich [*articulata*] oder undeutlich [*confusa*]: die menschliche ist deutlich, die tierische undeutlich. Eine Stimme ist deutlich, wenn man sie schreiben kann, z. B. mit ‚a‘ oder ‚e‘; undeutlich ist sie, wenn sie nicht schreibbar ist, wie z. B. das Stöhnen der Kranken oder die Stimmen von Vögeln und Tieren.“ (Meine Übersetzung.) Siehe dazu auch Karl Steel: Centaurs, Satyrs, and Cynocephali. Medieval Scholarly Teratology and the Question of the Human. In: Asa Simon Mittman / Peter Dendle (Hrsg.): *The Ashgate Research Companion to Monsters and the Monstrous.* Burlington: Ashgate 2011, S. 257–274, bes. S. 271–272.

3 Johann Gottfried Herder: *Abhandlung über den Ursprung der Sprache.* Berlin: Christian Friedrich Voß 1772, S. 3.

4 Ovid: *Metamorphosen*, III: 237–238.

5 Ebd., III: 192–193.

6 Ebd., III: 229–231.

> er füllt die vertraute Bergwelt mit trauervollen Klagen, sinkt auf die Knie wie ein Schutzflehender und schaut bittend in die Runde, als wären seine stummen Blicke flehend erhobene Arme.[7]

Seine flehenden Gesten bleiben ‚unerhört‘ inmitten des Gebells der Hunde und der Rufe seiner ehemaligen Jagdgenossen, und er fügt sich schweigend in seinen Tod. Erst an dieser Stelle ist die Metamorphose wirklich vollendet: während die Tränen, als er sein Spiegelbild im Wasser sah, über ein Gesicht strömten, „das nicht mehr das seine war [*per ora non sua*]“[8], wiegt er jetzt *den eigenen* Kopf, quasi in Nachahmung einer menschlichen Geste.

* * *

Auch in Kafkas *Verwandlung* liegt es an der Stimme, dass die Metamorphose als vollendet erkannt wird. Gregor Samsa versucht zu sprechen, sich als menschliches Subjekt kundzutun, wird aber wegen seiner Stimme nicht als Mensch, sondern als Tier wahrgenommen. Als Gregor Samsa eines Morgens erwacht und sich in ein „ungeheures Ungeziefer“[9] verwandelt findet, ist er erstaunlich unerschrocken über seinen neuen körperlichen Zustand. Ähnlich wie bei Actaeon bleibt das Bewusstsein dasselbe, auch wenn der Körper jetzt gänzlich verändert ist. Aber im Gegensatz zu Actaeon begegnet Gregor nirgendwo seinem Spiegelbild. Erst als er sich sprechen hört, ist er befremdet. Ohne ein Spiegelerlebnis, das ein selbst-reflexives Ichgefühl (bzw. Fremdgefühl) erzeugen könnte, ist es die Stimme, die Gregor auf die Diskrepanz aufmerksam macht, die zwischen seiner gefühlten Identität und seiner tatsächlichen physischen Form besteht. Das Erlebnis des Sich-sprechen-Hörens wird normalerweise als völlig unmittelbar, als „reine Selbstaffektion“[10] wahrgenommen, setzt aber eine minimale Differenz zwischen Hörer und Sprecher voraus, eine kaum spürbare Verzögerung, die wiederum das Erlebnis des Selbst zugleich zu einem Erlebnis des Anderen macht. Die *phoné* bildet eine Brücke zwischen *logos* und *physis*, eben „weil die Sprache unsere

7 Ebd., III: 237–241.

8 Ebd., III: 202–203.

9 Franz Kafka: Die Verwandlung. In: Ders.: *Drucke zu Lebzeiten*. Kritische Ausgabe, hrsg. v. Wolf Kittler / Hans-Gerg Koch / Gerhard Neumann. Frankfurt am Main: Fischer 1994, S. 113–200, hier S. 113.

10 Jacques Derrida: *Die Stimme und das Phänomen. Einführung in das Problem des Zeichens in der Phänomenologie Husserls*, aus d. Franz. v. Hans-Dieter Gondek. Frankfurt am Main: Suhrkamp 2003, S. 107.

Stimme sowohl ist als auch nicht ist"[11] – d.h. die Sprache ist nur der semantische Teil einer Aussage, der *artikulierte* Teil, der in Schrift, also in Abwesenheit, verwandelt werden kann. Aber die Stimme enthält auch einen rein vokalen, nicht iterativen Teil, der dem *logos* konsequent ausweicht, und den man weder denken noch in Worte fassen kann. Dieser ist also der *physische* Teil der Stimme, oder wenn man will: der *tierische*. Und diese Tierstimme – die auch *unsere* Stimme ist – befindet sich immer am Rande des *logos*.[12] In einem frühen Essay stellt sich der italienische Philosoph Giorgio Agamben seinen Gedankengang wie einen Abendspaziergang durch den Wald vor: Der Pfad, dem er folgt, sind die Worte, aber seitlich vernimmt er das Rascheln unsichtbarer Tiere. „Das flüchtende Tier, das uns durch die Worte zu entkommen scheint, ist – wie es heißt – unsere Stimme."[13]

Als Gregor Samsa noch im Bett liegt und über seine Situation nachdenkt, „klopft[] es vorsichtig an die Tür":

> „Gregor", rief es – es war die Mutter –, „es ist dreiviertel sieben. Wolltest du nicht wegfahren?" Die sanfte Stimme! Gregor erschrak, als er seine antwortende Stimme hörte, die wohl unverkennbar seine frühere war, in die sich aber, wie von unten her, ein nicht zu unterdrückendes, schmerzliches Piepsen mischte, das die Worte förmlich nur im ersten Augenblick in ihrer Deutlichkeit beließ, um sie im Nachklang derart zu zerstören, daß man nicht wußte, ob man recht gehört hatte.[14]

Merkwürdig vor allem der Chiasmus, der die Mutter so nachdrücklich entpersonalisiert: „‚Gregor', rief es – es war die Mutter". Bekanntlich ist ich ein anderer,[15] in dieser Szene ist „es" aber scheinbar die

11 Giorgio Agamben: *Die Sprache und der Tod. Ein Seminar über den Ort der Negativität*, aus dem Ital. v. Andreas Hiepko. Frankfurt am Main: Suhrkamp 2007, S. 174.

12 Vgl. Juliane Prade: Am Rand des *logos*. Philosophische und literarische Konzepte von Animalität. In: Daniel M. Feige / Tilmann Köppe / Gesa zur Nieden (Hrsg.): *Funktionen von Kunst*. Frankfurt am Main: Peter Lang 2009, S. 87–102.

13 Agamben: *Die Sprache und der Tod*, S. 174.

14 Kafka: Die Verwandlung, S. 119.

15 Die Fremdartigkeit des eigenen Ichs, die der französische Dichter Arthur Rimbaud bereits 1871 mit der prägnanten Formel „Je est un autre" auf den Punkt gebracht hatte, kann gewissermaßen als Schlüsselerlebnis der Literatur der Jahrhundertwende gesehen werden. Wenig später, in seinen *Beiträgen zur Analyse der Empfindungen* (1886), hatte der Physiker Ernst Mach das Ich für „unrettbar" erklärt, eine Diagnose, die zum geflügelten Wort wurde, nachdem sie von Hermann Bahr, dem Anführer der Wiener Moderne, aufgegriffen und in Verbindung mit der Evolutionslehre Darwins und Haeckels gebracht wurde. Siehe dazu Ursula Renner-Henke: „Jetzt aber war der Mensch auch ein Tier geworden". Verwandlungsgeschichten um 1900. In: *Hofmannsthal-Jahrbuch zur europäischen Moderne* 19 (2011), S. 357–399.

Mutter. Allerdings hat „es“ auch eine „sanfte Stimme“, oder besser: es *ist* die Stimme. Die räumliche Trennung zwischen Gregor und der Mutter wird hier durch den Gedankenstrich graphisch dargestellt, und auf beiden Seiten schwebt „es“, gleichsam um eine Trennung innerhalb der Stimme sichtbar zu machen. Und diese Trennung wird umso deutlicher, als Gregor des schmerzlichen Piepsens gewahr wird, das seiner Menschenstimme unterlegt ist und seine Worte „im Nachklang“ unverständlich macht. Im Augenblick des Sprechens sind die Worte jedoch deutlich – erst im Nachhinein werden sie zerstört. Mit anderen Worten ist Gregors Stimme jetzt dabei, sich in eine *vox confusa* zu verwandeln, die keine Bedeutung trägt, da sie nicht als menschliche Sprache nachträglich niedergeschrieben werden kann. Der Augenblick des Sich-sprechen-Hörens dehnt sich jetzt aus, und im „Nachklang“ gewinnt die Alterität der eigenen Stimme gleichsam die Oberhand – das ‚Signal-Rausch-Verhältnis‘ verschlechtert sich, bis überhaupt kein Wort mehr bei den Hörern jenseits der Tür – jenseits des Gedankenstriches – ankommt.

Erst als der Prokurist aus dem Geschäft kommt, um festzustellen, was mit Gregor passiert ist, versucht dieser erneut zu sprechen. Er stößt eine lange, verzweifelte Rede aus, in der er den Prokuristen zu beschwichtigen versucht – es sei nur ein vorübergehendes Unwohlsein gewesen, jetzt sei er aber wieder „ganz frisch“[16] und könne mit dem späteren Zug fahren. Währenddessen gelingt es ihm mit viel Mühe aus dem Bett zu kommen und sich umzudrehen. „Damit hatte er aber auch die Herrschaft über sich erlangt und verstummte.“[17] Seine Worte kommen ihm jetzt „klarer als früher“ vor, „vielleicht infolge der Gewöhnung des Ohres“, d.h. das ‚schmerzliche Piepsen‘ ist jetzt weg, aber draußen vor der Tür bleibt nichts als dieses Piepsen von Gregors Rede übrig: „‚Haben Sie auch nur ein Wort verstanden?‘, fragte der Prokurist die Eltern, […] ‚Das war eine Tierstimme‘.“[18] Diese Äußerung des Prokuristen setzt sich mit illokutiver Kraft durch: Gregor wird aufgrund seiner Stimme zum Tier erklärt. Mit diesem Wort ist Gregor aus dem Kreis der Menschen ausgeschieden worden, und zwar gerade weil man ‚kein Wort‘ verstanden hat. Gregors Stimme ist eine Tierstimme, eine *phoné*, die aber keinen

16 Kafka: Die Verwandlung, S. 129.

17 Ebd., S. 131.

18 Ebd.

logos beinhaltet.[19] Die aristotelische Bestimmung des Menschen als *zoon logon echon* – als einziges Lebewesen, das über Sprache verfügt – bezieht sich in erster Linie auf das menschliche Vermögen, Unterscheidungen zu treffen, etwa zwischen gut und schlecht, gerecht und ungerecht, usw. „Was das Vermögen des *logos* dem Menschen mithin gewährt", so Juliane Prade, „ist die Fähigkeit, sich von anderen zu unterscheiden und als Selbst zu konstituieren. In diesem Unterscheiden – und nicht in einem vorzufindenden Unterschied – besteht nach Aristoteles die Differenz zwischen menschlichen und anderen Wesen."[20] Somit ist die Bestimmung des Prokuristen von Gregors Stimme als Tierstimme nicht nur performativ sondern auch autologisch: der *logos* schützt die eigene Autorität indem er das andere als nicht-*logos*, als *a-logon* markiert, wodurch die Grenze zwischen Mensch und Tier wiederum aufrechterhalten bleibt.

Als *zoon a-logon* verliert Gregor indessen allmählich die Entscheidungsfähigkeit. Jetzt wo die Familie sich Sorgen um ihn macht, fühlt sich Gregor „wieder einbezogen in den menschlichen Kreis" und erhofft „vom Arzt und vom Schlosser, ohne sie eigentlich genau zu *scheiden*, großartige und überraschende Leistungen." „Um für die sich nähernden *entscheidenden* Besprechungen eine möglichst klare Stimme zu bekommen," hustet Gregor ein wenig ab, versucht dies aber möglichst leise zu tun, „da möglicherweise auch schon dieses Geräusch anders als menschlicher Husten klang, was er selbst zu *entscheiden* sich nicht mehr getraute."[21] Bezeichnenderweise kommt der Prokurist

19 Die Geschichte des *logos* und des Logozentrismus hat die italienische Philosophin Adriana Cavarero als einen Prozess der gezielten ‚Entstimmung' [*devocalizzazione*] des *logos* bezeichnet, wodurch die *phoné* als bloßes Gefäß für den eigentlichen Sinn geschmäht wird, eben weil sie vom tierischen Körper abhängig ist und auch diesen unvermeidlich ‚ausspricht', während der Sinn dem entkörperten, menschlichen (und überdies implizit männlichen) *logos* gehört. Vgl. Adriana Cavarero: *A più voci. Filosofia dell'espressione vocale*. Milano: Feltrinelli 2003, bes. S. 43–52.

20 Prade: Am Rand des *logos*, S. 90.

21 Kafka: Die Verwandlung, S. 132. (Meine Hervorhebungen.) Das Husten spielt bei Kafka öfters eine eigentümlich bedrohliche Rolle und deutet dabei auf das Tierisch-Unbändige im Menschen und in der Stimme hin. So ist das grobe Lachen der Seemänner im *Bericht für eine Akademie* „immer mit einem gefährlich klingenden aber nichts bedeutenden Husten gemischt" (Kafka: *Drucke*, S. 305–306), und der Erzähler von den *Erinnerungen an die Kaldabahn* (1914) erkrankt zum Schluss an einem sogenannten „Wolfshusten", der von einem unerträglichen tierartigen Heulen begleitet wird. Auf geradezu unheimliche Weise präfiguriert dieser Wolfshusten Kafkas eigene Lungentuberkulose, an der er erst drei Jahre später erkrankte, und den damit verbundenen Husten er Max Brod zufolge „das Tier" genannt habe.

auch gerade in dem Moment – „es [läutete] an der Wohnungstür“ – als Gregor sich „endgültig entscheiden“ muss.[22] Die Ankunft des Prokuristen unterbricht diese Entscheidung und wir erfahren nie, *was* genau entschieden werden musste. Der Hinweis auf die Uhrzeit legt nahe, dass er sich entscheiden muss, ob er aufstehen und zur Arbeit gehen oder weiterhin im Bett bleiben will. Aber die eigentliche Entscheidung ist viel grundlegender: Er muss *sich* entscheiden. Er muss entscheiden, ob er ein Mensch oder ein Tier sein will. Die Tatsache, dass er keine Entscheidung trifft, genügt, um ihm das Menschsein abzusprechen. Erst zum Schluss, als er verwundet und allein in seinem Zimmer stirbt, erfahren wir, dass „[s]eine Meinung darüber, daß er verschwinden müsse, [...] womöglich noch entschiedener [war], als die seiner Schwester.“[23]

* * *

Gregors Unentschiedenheit spiegelt sich in der Schwierigkeit wider, ihn einer eindeutigen Tierart zuzuordnen. Zwar wird er von der Haushälterin „alter Mistkäfer“ genannt, antwortet aber freilich „auf solche Ansprachen“[24] nicht, und Kafka benutzt in Briefen und Tagebüchern selber das Wort „Insekt“ mit Bezug auf Gregor, aber die Sprache der Erzählung ist überaus vage in dieser Hinsicht: Er ist ein unbestimmtes, „ungeheures Ungeziefer“ geworden, mit „vielen“ (nicht etwa ‚sechs‘) kleinen „Beinchen“, einem „panzerartig harten Rücken“ und einem „gewölbten, braunen, von bogenförmigen Versteifungen geteilten Bauch“.[25] Aufgrund dieser wenigen anatomischen Beschreibungen hat Vladimir Nabokov, der ja nicht nur Schriftsteller, sondern auch Schmetterlingskundler war, gemeint, feststellen zu können, dass Gregor weder eine Kakerlake noch ein Mistkäfer ist, sondern eine Art großer Käfer, der mit Flügeln unter dem ‚panzerartigen‘ Rücken hätte ausgestattet sein müssen. Deshalb hätte er auch jederzeit durch das offene Fenster wegfliegen können, wenn

Zum Kaldabahn-Fragment siehe Kári Driscoll: The Enemy Within: Zoopoetics in „Erinnerungen an die Kaldabahn“. In: *Journal of the Kafka Society of America* 35–36 (2011–12), im Erscheinen.

22 Kafka: Die Verwandlung, S. 124.

23 Ebd., S. 193.

24 Ebd., S. 179.

25 Ebd., S. 115.

er sie bloß entdeckt hätte.[26] Es ist allerdings fraglich, ob Nabokov diese Klassifizierung wirklich ernst gemeint hat, deren wissenschaftliche Präzision vielmehr dazu dient, die absichtliche Unbestimmtheit von Kafkas Sprache umso mehr auffallen zu lassen. Bekanntlich hat Kafka dem Kurt Wolff Verlag auch nachdrücklich untersagt, ein Bild vom „Insekt" auf den Buchumschlag zu setzen: „Das Insekt selbst kann nicht gezeichnet werden. Es kann aber nicht einmal von der Ferne aus gezeigt werden."[27]

Nach einer klassischen Interpretation der *Verwandlung*, die schon 1951 von Günther Anders vorgeschlagen wurde, ist es nicht nur Gregor Samsa, sondern die Sprache selbst, die in der Erzählung einer Metamorphose unterzogen wird. Anders zufolge „schöpft [Kafka] aus dem vorgefundenen Bestand, dem Bildcharakter, der Sprache. Die metaphorischen Worte nimmt er beim Wort."[28] Diese Idee wurde von Walter Sokel aufgegriffen, der Gregors Verwandlung als eine ‚Verwörtlichung' [*literalization*] einer Metapher deutet: Kafka eliminiere das „wie", und statt bloß *wie* ein Ungeziefer zu sein – eine „Kreatur […] ohne Rückgrat und Verstand"[29], wie Gregor den verhassten Geschäftsdiener bezeichnet, vermutlich im übertragenen Sinne – finde er sich beim Erwachen *tatsächlich* in ein Ungeziefer verwandelt.

> Mit dieser Metamorphose macht Kafka die ursprüngliche Metamorphose rückgängig, die vom Gedanken beim Bilden einer Metapher vollzogen wird; denn Metapher ist immer „Metamorphose". Kafka verwandelt die Metapher zurück in seine fiktive Wirklichkeit und diese Contra-Metamorphose wird der Ausgangspunkt seiner Erzählung.[30]

In einem ebenfalls längst klassisch gewordenen Essay fragt sich wiederum Stanley Corngold, was das wohl heißen würde, eine Metapher zu ‚verwörtlichen', da die Metapher sich gerade dadurch auszeichne,

26 Vladimir Nabokov: *Lectures on Literature*, hrsg. v. Fredson Bowers. New York: Harcourt 1980, S. 259.

27 Brief von Franz Kafka an Georg Heinrich Meyer (Kurt Wolff Verlag), 25.10.1915. In: Franz Kafka: *Briefe. April 1914–1917*. Kritische Ausgabe, hrsg. v. Hans-Gerd Koch. Frankfurt am Main: Fischer 2005, S. 145.

28 Günther Anders: *Kafka, pro und contra. Die Prozeß-Unterlagen*. München: Beck 1951, S. 40.

29 Kafka: Die Verwandlung, S. 118.

30 Walter H. Sokel: *Franz Kafka*. New York: Columbia University Press 1966, S. 5. (Meine Übersetzung.)

dass sie immer im Spannungsfeld zweier Bedeutungen existiert.[31] Indem man eine Metapher ‚beim Wort‘ nehme oder ihr außerhalb des eigentlichen Kontextes begegne, höre sie auf, Metapher zu sein, und werde stattdessen bloß ein Name. Corngold beruft sich auf die Metaphorologie I. A. Richards’, der zufolge eine Metapher aus einem *Tenor* (A) – dem ‚Grundelement‘ – und einem *Vehikel* (B) – also dem, *als* das der *Tenor* bezeichnet wird – besteht. Es ist die ungelöste Spannung zwischen diesen beiden, die das Metaphorische ausmacht. Dabei werden vom Vehikel nur die Eigenschaften in Anspruch genommen, die auf den Tenor passen oder die durch die Metapher evoziert werden sollen. Um das Standardbeispiel zu nehmen: Achill ist nur insofern ein Löwe, als er tapfer und stark im Kampf ist, und nicht etwa weil er ein sandfarbenes Fell und eine dunkelbraune Mähne hat. Wenn man diese Metapher aber ‚beim Wort‘ nähme, würde das heißen, sämtliche Attribute des Vehikels auf den Tenor zu überführen: also (A) allmählich in (B) zu verwandeln, bis schließlich ein wirklicher Löwe dastünde und Achill ganz und gar verschwunden wäre. Dann bestünde aber auch keine Spannung mehr zwischen (A) und (B), nichts bliebe mehr in der Schwebe, und das Metaphorische – sowie das Metamorphische – ginge verloren. Am Anfang von Kafkas Erzählung liegt aber kein eindeutiger, wortwörtlicher Käfer im Bett, sondern ein „ungeheures Ungeziefer“, oder vielmehr: Gregor Samsa, der sich in ein „ungeheures Ungeziefer“ verwandelt findet. Ein Monstrum, also, weder Fisch noch Fleisch. Seine Gattung lässt sich nicht genau feststellen. Es ist zwar richtig, dass Kafka „aus dem Bildcharakter der Sprache“ schöpft, aber dieses Bild schillert und wir können es „nicht einmal von der Ferne aus“ deutlich sehen.

„Wir müssen aufhören bevor die Metamorphose vollendet ist,“ schreibt Corngold, „wenn die Metapher bewahrt werden und (A) von (B) noch zu unterscheiden sein soll.“[32] Es muss einen irreduziblen Rest geben, eine nicht auszugleichende Alterität, die sowohl den Tenor als auch das Vehikel destabilisiert. Wie der Laut, den der verwandelte Actaeon im Sterben ausstößt, „kein Menschenlaut“ ist, „doch ein Laut, wie ihn kein Hirsch ausstoßen könnte“, sind die Metapher und die Metamorphose Schwellenphänomene, die immer

31 Stanley Corngold: Kafka’s *Die Verwandlung*: Metamorphosis of the Metaphor. In: *Mosaic* 3,4 (1970), S. 91–106.

32 Ebd., S. 98. (Meine Übersetzung.)

‚dazwischen' stehen, immer unbestimmt sind und die klaren, vom *logos* erforderten Grenzlinien in Frage stellen. Der kleine Rest, der übrig bleibt und die Metamorphose als solche erkennen lässt, deutet auf die inhärente Unbeständigkeit der scheinbar festen Formen.

* * *

Dieser Rest erinnert an den „wunderliche[n] Bruch", der für Nietzsche „übrigbleibt", wenn der Mensch wie eine Zahl gleichsam durch die Gegenwart geteilt wird, im Gegensatz zum Tier, das in ihr restlos ‚aufgeht'.[33] Dieser wunderliche Bruch ist die Geschichte, d.h. die Erinnerung an die Vergangenheit und die Ahnung der Zukunft und des Todes. Kurzum: dieser Bruch ist der *logos*.

Das Übrigbleiben dieses Restes wird bei Ovid in der Geschichte von Io besonders deutlich dargestellt. Io, eine hinreißende Najade, wird von Jupiter genotzüchtigt, der sie daraufhin in eine „strahlend weiße Kuh"[34] verwandelt, um den Ehebruch vor seiner misstrauischen Gattin Juno zu verbergen. Diese verlangt die schöne Kuh als Geschenk, worauf Jupiter eingehen muss, denn sonst „könnte es so aussehen, als wäre es keine Kuh".[35] Juno befiehlt dem hundertäugigen Argus, Io zu bewachen. Die Unglückliche will ihm flehend die Arme ausstrecken, hat aber „keine Arme, um sie zu Argus auszustrecken, und beim Versuch zu klagen stieß sie ein Muhen [*mugitus*] aus, ängstigte sich vor dem Klang und erschrak über die eigene Stimme".[36] Genau wie Actaeon flieht sie „in hellem Entsetzen"[37] vor dem eigenen gehörnten Spiegelbild im Wasser, aber im Gegensatz zu ihm wird sie nicht getötet, sondern findet zu ihrer Heimat und zu ihrem Vater, dem Flussgott Inachus, zurück. Weder er noch die anderen Najaden erkennen sie in ihrer verwandelten Form wieder. Da sie ihre wahre Identität weder gestisch noch mündlich verraten kann, scharrt sie die beiden Buchstaben ihres Namens in den Sand. „Anstelle der Worte

33 Friedrich Wilhelm Nietzsche: Vom Nutzen und Nachtheil der Historie für das Leben. In: Ders.: *Sämtliche Werke. Kritische Studienausgabe in 15 Einzelbänden*, hrsg. v. Giorgio Colli / Mazzino Montinari. Berlin: de Gruyter 1999, Bd. 1, S. 243–334, hier S. 249.

34 Ovid: *Metamorphosen*, I: 610–611.

35 Ebd., I: 621.

36 Ebd., I: 635–638.

37 Ebd., I: 641.

leisteten Buchstaben [*littera pro verbis*], [...] den traurigen Dienst, ihre Verwandlung anzuzeigen."[38]
Die „Geschichte von der schreibenden Kuh" kann man, so Daniel Heller-Roazen, „als Allegorie auf die Metamorphose als solche lesen."

> Eine Metamorphose ist erst dann abgeschlossen, wenn ein Körper sich gänzlich in einen anderen verwandelt hat. [...] Doch die literarische Mutation kann hier nicht enden. Denn die Verwandlung muß als solche erkennbar bleiben. Irgend etwas muß anzeigen, daß sie stattgefunden hat. Irgend etwas an der neuen Gestalt muß auf die erfolgte Veränderung hinweisen. Gerade eine restlose Metamorphose bedarf paradoxerweise eines Rests, der von der Verwandlung zeugt [...].[39]

Die Buchstaben *I* und *O*, also die Gerade und die Kurve, sind die Grundformen aller anderen Buchstaben. Die Verwandlung ist vollendet, muss aber auch als solche wahrgenommen werden: d. h. es muss einen Rest geben, der sie markiert, der aber kein übriggebliebener Teil der ursprünglichen Form ist, sondern gleichsam erst *im Übrigbleiben* entsteht, „und deshalb bleibt es auch etwas ganz anderes als das, wovon es Zeugnis ablegt."[40] Io erfindet die Schrift, um die verschollene Stimme zu ersetzen. „Sie ist das, was beim endgültigen Verschwinden der Stimme zurückblieb."[41]
Auch als Io zum Schluss in ihre frühere Gestalt zurückverwandelt wird, hat sie „Angst zu sprechen, um nicht nach Art der Kühe zu muhen [*ne more iuvencae mugiat*], und versucht nach der langen Unterbrechung nur schüchtern, Worte zu formen".[42] Es ist sicherer zu schreiben, und auf die Stimme gänzlich zu verzichten, denn diese kann immer unversehens tierisch klingen. Vielleicht könnte man sagen, dass die menschliche Sprache an sich ein Zeugnis der ursprünglicheren Metamorphose ist, durch die der Mensch aus einem Tier verwandelt wurde – ein Rest, der ebenfalls ‚im Übrigbleiben' entstanden ist – und dass es diese Ur-Verwandlung ist, von der die literarischen Metamorphosen immer wieder Zeugnis ablegen.

38 Ebd., I: 649–650.

39 Daniel Heller-Roazen: *Echolalien. Über das Vergessen von Sprache*, aus d. Engl. v. Michael Bischoff. Frankfurt am Main: Suhrkamp 2008, S. 132–133.

40 Ebd., S. 135.

41 Ebd., S. 134.

42 Ovid: *Metamorphosen*, I: 745–746.

Gesellschaftskritischer und utopischer Posthumanismus in der Literatur

Submarine Spielformen menschlicher *Ex*istenz von Christoph Ransmayr – ein Wassermann erzählt

Manuela Rossini

Fischfunkerzählungen nennt Christoph Ransmayr die Geschichten seiner *Damen & Herren unter Wasser*, die er nach sieben Farbtafeln des Fotografen und Bildhauers Manfred Wakolbinger aufgezeichnet hat.[1] Die Bilder dieser „Unterwasserwesen" erschienen dem österreichischen Schriftsteller im Frühjahr 2007 ausgerechnet in der marokkanischen Sahara, wohl als eine Art Fata Morgana oder physikalische Widerspiegelung seiner Gedanken an „leuchtende, durchsichtige oder ihre glühenden Farben und bizarren Formen sekundenschnell wechselnde Meeresbewohner."[2] In der kleinen Oasenstadt M'hamid 500 m ü. M. taucht er ab und zieht dabei auch die Leserin in den Bann, hinunter in eine submarine Welt. Wie der Protagonist und Ich-Erzähler Herr Blueher, ein Ex-Museumswärter und jetzt Großflossen-Riffkalmar, fühle ich mich plötzlich ins kalte Wasser geworfen und dort ganz anderen Spielregeln und unvertrauten Lebensweisen ausgesetzt. Mit den Tentakeln des Wassermanns sauge ich mich an sechs weitere ehemals menschliche Meerestiere heran, die sich eines Tages auf wundersame Weise in schwimmende oder mit der Meeresströmung treibende Wesen verwandelt haben: Herr Reddish (Imperialgarnele, Ex-Wasserbettverkäufer), Frau Horange (Kronenqualle, Ex-Schwimmlehrerin), Herr Blackthorn (Geisterpfeifenfisch, Ex-Installateur), Frau Whitey (Flohkrebs, Ex-Umweltministerin), Frau Purpleheart (Fledermausfisch, Ex-Schönheitskönigin) und Herr Greenfinch (Nacktschnecke, Ex-Dammbauer). Sie wurden zu Geschöpfen, die ihnen früher – wie Herr Blueher selbstironisch bemerkt – nur von Speisekarten, aus dem Zoo-Aquarium oder von Schnorchelausflügen einigermaßen bekannt waren und deren körperliche Funktionen und Erscheinungen denjenigen ihrer ehemaligen Existenz als „Luftweltler" vollkommen widersprachen.[3] Gemein ist diesen Artgenossen jedenfalls, dass sie durch ihre beruflichen Umstände an einer Wasserphobie

1 Christoph Ransmayr: *Damen & Herren unter Wasser*. Frankfurt am Main: S. Fischer 2007. Unterwasserfotografien: Manfred Wakolbinger, 2003.

2 Ebd., S. 9.

3 Ebd., S. 14–15, 21.

Abb. 1: Manfred Wakolbinger: *Nachtaufnahme (s/w) von drei Kalmaren.* Nord Sulawesi, Indonesien, 2003.

oder – umgekehrt – einer Wassersucht litten und ihnen diese nun durch radikale Immersion in den flüssigen Aggregatszustand ausgetrieben werden soll.

Post-anthropozentrische Schöpfungen

Wer oder was genau für ihre Metamorphosen verantwortlich war, wird allerdings nicht erwähnt. Die später im Text genannte und noch allgemeinere Ursache für die Umwandlung dieser sieben Damen und Herren in Meerestiere lautet lediglich: „Wer sich vor Veränderungen fürchtete, wurde einfach in eine andere Gestalt gezwungen."[4] Es scheint jedenfalls keine göttliche Macht gewesen zu sein, vielmehr der natürliche Lauf der Dinge, ein ‚Naturgesetz', das allen sterblichen Organismen zugrunde liegt:

> Unsere Verwandlung, besser: Submarinierung, repräsentierte offensichtlich keinen Rückschritt innerhalb der evolutionären Prozesse, sondern ganz im Gegenteil einen dramatische Fortschritt – vielleicht sogar einen Schritt auf etwas zu, das einmal das Paradies gewesen sein musste, der Garten Eden, jedenfalls aber Spielplatz, Sandkiste eines namenlosen Schöpfers.[5]

4 Ransmayr: *Damen & Herren unter Wasser*, S. 43.

5 Ebd., S. 73–74.

Oder vielleicht ist dieser anonyme Schöpfer einfach nur der Autor, der die Welt (des Textes) zum Himmel oder zur Hölle machen, ihren Ursprung und Untergang, aber auch ihre Neuerfindung mit erzählerischen Spielzeugen ausreizen kann.
Metamorphosen menschlicher in tierliche Körper werden in der Literatur mehrheitlich als über- oder unnatürliche Phänomene ins Leben geschrieben und meistens wird am Ende die ursprüngliche Daseinsform wieder hergestellt. In *Metamorphosen*, der ‚Mutter' aller Verwandlungsgeschichten, singt Ovid in den ersten Zeilen ein „stetig fließendes Lied vom / Ersten Ursprung der Welt bis herab zu unseren Tagen."[6] In Ransmayrs Text dagegen ist, wie ich zeigen werde, der Ursprung das Ende und die Mutationen erscheinen schlussendlich als die natürlichste Sache der Welt. Die Frage der Entstehung der Arten wird in eine viel weiter- und tiefergreifendere Schöpfungsgeschichte eingebettet, die von der kontinuierlichen Veränderung aller lebendigen Organismen durch eine komplexe Dynamik der kreativen Anpassung an neue Umweltbedingungen ausgeht – so wie es bereits Charles Darwin auf seinen Reisen in den 1830er Jahren vermutete und später in seinem grundlegenden Werk *The Origin of Species* festhielt.[7] Mit diesem Anklang an die ‚new biology'[8] fällt auch die Illusion einer festen Identität und die Vorstellung einer linearen Entwicklung primitiver Lebensformen hin zum Menschen als Vollendung und Krone der Schöpfung buchstäblich ins Wasser:

> Sprechende, denkende, über Namen und Adressen und Bewusstsein so selbstverständlich wie achtlos verfügende Luftweltwesen gehörten offensichtlich nicht zur Spitze der evolutionären Pyramide, sondern bloß zu deren Fundament, zur breitgestampften Basis, von der sich erst alles wieder verjüngen, verschmälern, einfacher werden und neu aufsteigen dufte bis zu jener Spitze, an der ein letzter und gleichzeitig erster Bestandteil der Ober- wie der Unterwelt in seiner reinsten Form funkelte. Das Wasserstoffatom, ein einziges Wasserstoffatom![9]

6 Ovid: *Metamorphosen*. München: dtv 1997, S. 27.

7 Der Titel der Originalausgabe hieß *On the Origin of Species by Means of Natural Selection, or the Preservation of Favoured Races in the Struggle for Life*. London: John Murray 1859. Mit der 7. Ausgabe (1872) hat sich der Kurztitel *The Origin of Species* durchgesetzt.

8 Dorion Sagan: Metametazoa: Biology and Multiplicity. In: Jonathan Crary / Sanford Kwinter (Hrsg.): *Incorporations: Fragments for a History of the Human Body*. New York: Zone Books 1992, S. 362–385, hier S. 362. Zum neuen Paradigma gehören für Sagan „Gaia theory, symbiotic evolution and bacterial omnisexuality" (Lynn Margulis / Dorion Sagan: *Acquiring Genomes. A Theory of the Origins of Species*. New York: Basic Books 2002).

9 Ransmayr: *Damen & Herren unter Wasser*, S. 75.

Ursprung und Ende der Menschheit liegen auf dem Meeresboden, wo diese nur *eine* durch Wasserstoff und Symbiose entstandene ‚Spielform' der biologischen Evolution unter vielen ist.
Als *Spielformen des Erzählens* wird die Reihe der in die Tiefe gehenden Prosa von Ransmayr betitelt, wodurch die hier diskutierte Unterweltgeschichte einerseits zu einer Allegorie über das Schreiben als transformative Technologie wird; ganz allgemein, so der Autor in einem Interview, bedinge Verwandlung „die gesellschaftliche, die politische Veränderung genauso wie die Veränderungen in der Naturgeschichte oder die Veränderungen, die wir an uns und in uns selber wahrnehmen", und ist somit das „erzählerische Prinzip schlechthin."[10] Andererseits zeigen die erzählten Metamorphosen, wie dies Bianca Theisen bereits für Ransmayrs Ovid-Roman *Die letzte Welt* postuliert hat, „das Verschwinden literarischer Fiktionalität in die Realität hinein."[11] Auch *Damen & Herren unter Wasser* kann durch die Auflösung des Abstrakten oder Metaphorischen ins Konkrete oder Indexikalische als ein Metanarrativ bezeichnet werden, das ein grundlegendes Element literarischer Verwandlungsgeschichten thematisiert: den Verlust der (menschlichen) Sprachfähigkeit bzw. ihre (Rück-)Wendung in ihre physisch-körperlichen Bedingungen. Relativ gelassen stellt Herr Blueher fest, dass bestimmte Worte ihre vertraute Bedeutung verlieren: „Aber was heißt *schwimmen*?, was *gehen*?, was *hübsch*? Gelegentlich sind mir die wechselnden Farben meiner Haut und ihre Bedeutungen bereits näher, viel näher als die Silben einer Sprache, die sich allmählich auflösen" oder zu einem „nackten Geräusch" werden und einer ganz anderen „Logik" folgen.[12] Der Sinn des Zischlautes im Wort „hübsch" beispielsweise wird in der Tat *sinn*lich durch die ‚Onomato-poetologik' des Schwungs seiner Tentakel erfahren. War für ihn früher im Museum Englisch die *lingua franca*, dient nun durch einen literarischen Kunstgriff Ransmayrs das „Fischfunken" als eine Universalsprache, die auch Tieren eigen ist:

> Alle Idiome und Dialekte, in denen die Verwandelten sich einst unter ihren alten Namen innerhalb ihrer Sprachfamilie verständigt hatten, flossen im tiefen Blau

10 Christoph Ransmayr: Interview mit Barbara Vollstedt. In: Barbara Vollstedt: *Ovids ‚Metamorphoses', ‚Tristia' und ‚Epistulae ex Ponto' in Christoph Ransmayrs Roman ‚Die letzte Welt'.* Paderborn: Schöningh 1998, S. 97.

11 Bianca Theisen: Metamorphosen der Literatur: Christoph Ransmayrs „Die letzte Welt". In: *Modern Literature Notes* 121, 3 (April 2006), S. 582–591, hier S. 584.

12 Ransmayr: *Damen & Herren unter Wasser*, S. 21.

> und der submarinen Stille ihrer neuen Existenz allmählich wieder zusammen in jene wortlose Urverständigung, in der Tiere schon seit je zwischen den Signalen der Bedrohung und der Geborgenheit zu unterscheiden vermochten, zwischen Zeichen der Aggression oder den Verlockungen des anderen Geschlechts.[13]

Diese biosemiotische Kommunikation wird im Text auch als eine durch das Wasser vermittelte „Spielform der Telepathie“[14] bezeichnet. Frederic William Henry Myers bezog sich 1882 mit dieser Wortprägung auf „the impressions of any kind from one mind to another, independently of the recognized channels of sense.“[15] Myers versteht unter „Kommunikation“ aber weniger einen sprachlichen Austausch, sondern vielmehr das Ereignis einer physischen Begegnung, bei der sich ‚etwas‘ von einem Objekt zu einem anderen bewegt. Diese Definition öffnet den Begriff für einen sogenannten „kritischen Posthumanismus“[16], bei dem zentrale Kategorien westlicher Metaphysik wie Geist, Vernunft oder Bewusstsein der post-anthropozentrischen Einsicht weichen, dass Signale und Zeichen mehr als Worte sagen; wie Herr Blueher treffend ergänzt: „wortlos heißt hier unten niemals: verständnislos.“[17] Auch Fische, wie Markus Wild bestätigt, ‚verstehen‘ ihre Umwelt und nehmen sie ‚wahr‘; sie mögen vielleicht nicht über (Selbst-)Bewusstsein im menschlichen Sinn verfügen, wohl aber über Intelligenz und kognitive Fähigkeiten.[18]

Kritisch-posthumanistische Verwandlungen

Im salzigen Meereswasser scheint sich auch die in der Oberwelt dominante Heteronormativität aufzulösen, und was dort vielleicht als ‚Perversion‘ der Natur galt, schwimmt hier als immer schon ‚natürlich‘ daher. So ist es kein Zufall, dass Herr Reddish seine Neigung zum Transvestismus durch die Verwandlung in ein Krustentier in einem

13 Ebd., S. 55.

14 Ebd., S. 25.

15 Zitiert in John Durham Peters: *Speaking into the Air. A History of the Idea of Communication.* Chicago: University of Chicago Press 2000, S. 105. Ich danke Bruce Clarke für diesen Hinweis.

16 Stefan Herbrechter: *Posthumanismus. Eine kritische Einführung.* Darmstadt: WBG, bes. S. 6–30.

17 Ransmayr: *Damen & Herren unter Wasser*, S. 57.

18 Markus Wild: *Fische, Kognition, Bewusstsein und Schmerz. Eine philosophische Perspektive.* Bern: Bundesamt für Bauten und Logistik 2012, bes. S. 24–26. Online als PDF erhältlich: http://www.ekah.admin.ch/fileadmin/ekah-dateien/dokumentation/publikationen/EKAH_Band_10_Fische_Inhalt_V2_Web.pdf (Zugriff am 14.05.2013).

roten, mit weißen Pünktchen verzierten Panzer-Kleid ausleben kann; d. h. durch die Mutation kann er eine ihm ‚normal' erscheinende Rolle spielen, die er in seinem ehemaligen Lebensraum wohl nur im versteckten Kämmerlein zu inszenieren wagte. Zwar wird der Drang zur Fortpflanzung zunächst als „naturgemäß" beschrieben, aber die Libido scheint sich ebenso natürlich *que(e)r* – im Sinne von sowohl geschlechter- und artenübergreifend – zu orientieren; denn weder er noch die anderen aquatischen Wesen wissen so recht, welchem Geschlecht sie angehören:

> Die teils spastisch verrenkte, teils fließende, geradezu meditative Fortpflanzungsgymnastik, die wir gelegentlich über dem Grund schwebend oder tanzend zwischen aufgewirbelten Sandfontänen betreiben – ist unser jeweiliger Part daran der eines künftigen Vaters oder der einer in guten Hoffnungen schwelgenden, erwartungsvollen Mutter? Bin ich männlich? Bin ich weiblich?[19]

Diese undeutliche Situation im Tierreich regt auch Bluehers ‚Forschung' über das Funktionieren von Materie und über die Geschlechterordnung an der Oberfläche an:

> Aber, frage ich mich, ist der Mangel an Wissen um unser Geschlecht besonders außergewöhnlich? Was hatten wir denn in der Luftwelt schon von unseren Körpern gewusst?, was von den Mysterien der Zellen, den chemoelektronischen Feuerwerken des Nervensystems oder auch nur von den Geheimnissen einer befruchteten Eizelle? Gab es nicht auch dort oben viele, die sich im falschen Körper gefangen glaubten?[20]

Nicht zuletzt erfährt der ehemalige Museumswärter, dass Begehren und Erregung nicht ausschließlich an Geschlechtsteile gebunden sind: „Ein unter seiner betörenden Farbenpracht erzitternder Riffkalmar, war ich dann auf jede nur erdenkliche Spielform der Sexualität gefasst. Ob, was ich tat, besonders männlich war oder besonders weiblich, blieb dabei ohne Bedeutung" und hat weder etwas mit Liebe zu tun noch mit den „Verpflichtungen zur Erhaltung der Art".[21] Gerade beim Koitus werden alle Menschengeschlechter zu den Tieren, die sie immer schon waren, wie Alfonso Lingis poetisch bemerkt: „Our muscular and vertebrate bodies transubstantiate into ooze, slime, mammalian sweat, and reptilian secretions, into minute tadpoles and

19 Ransymayr: *Damen & Herren unter Wasser*, S. 66–67.

20 Ebd., S. 67.

21 Ebd., S. 68, 72.

releases of hot moist breath nourishing the floating microorganisms of the night air.“[22]

Die Verschiebung auf die Materialitätsebene dient aber nicht nur der Reflektion narratologischer Prozesse oder der spielerischen Beschäftigung mit metaphysischen oder existenzialistischen Fragen der Menschheit, sondern ebenfalls der Sensibilisierung und Bewusstseinsschärfung für das Miteinander von menschlichen und nicht-menschlichen Kreaturen, zwischen denen eine „fremde Nähe“[23] besteht; d. h. vor allem eine gemeinsame Leiblichkeit und somit Vergänglichkeit, trotz aller unüberbrückbaren Differenzen. Die sieben verwandelten Meerestiere haben mehr als nur eine Repräsentationsfunktion; im Gegenteil: Sie sind Sand im Getriebe der anthropologischen Differenzmaschine[24] mit ihren hierarchischen Klassifizierungen und Abbildungen.

Auf den eher negativen Zusammenhang zwischen dem Fluiden und dem Weiblichen, wurde in der feministischen Theorie schon öfters hingewiesen. So widmet sich beispielsweise Luce Irigaray in *Amante Marine* dem Element Wasser als einem weiteren Urelement, welches leidenschaftliche Gefühle bewirkt, in der westlichen Philosophie aber oft ignoriert oder vergessen wird.[25] Im Gegensatz dazu ist Ransmayrs Erzählung eine *Hommage* an das Wasser, die sowohl die Zentralität des männlichen und menschlichen Prinzips in den Hintergrund verschiebt und diesem Element eine tragende Rolle bei der Neuerschaffung der Welt zuspricht. Während Blueher früher von seinen Kollegen wegen seiner häufigen und heftigen Schweißausbrüche mit dem Spitznamen „Wassermann“ gehänselt wurde und dadurch einen Hass auf alles Flüssige entwickelte, bzw. seine unaufhaltsame Verflüssigung befürchtete, ist das Wasser nun zum Medium seiner *Ex*istenz

22 Alphonso Lingis: Animal Body, Inhuman Face. In: Cary Wolfe (Hrsg.): *Zoontologies. The Question of the Animal.* Minneapolis: University of Minnesota Press 2003, S. 165–182, hier S. 172.

23 Horst Rumpf: Fremde Nähe. In Martin Liechti (Hrsg.): *Die Würde des Tieres.* Erlangen: Harald Fischer 2002, S. 75–88.

24 In leichter Schärfung des Begriffs „anthropologische Maschine“ von Giorgio Agamben, der damit auf historisch jeweils unterschiedliche Trennungen zwischen dem Menschen und dem Animalischen hinweist, die es als in sich leer und grundlos zu entlarven gilt. Vgl. Giorgio Agamben: *Das Offene.* Frankfurt am Main: Suhrkamp 2003, S. 42–48.

25 Luce Irigaray: *Amante marine: de Friedrich Nietzsche.* Paris: Les Éditions de Minuit 1980.

geworden, zum osmosefördernden Element zwischen Mensch und Tier, wodurch sich diese Grenze, dieser Bindestrich wortwörtlich verflüssigt. Die „besondere Beziehung zum Flüssigen", so die These von Herrn Blueher, verband aber nicht nur die alten menschlichen mit den neuen tierischen Existenzen der glorreichen Sieben: „vielleicht barg diese Beziehung nicht bloß die Grundbedingung unserer Verwandlung," sinniert er, „sondern sogar die Voraussetzungen, diesen Prozess in ferner Zukunft wieder rückgängig zu machen und uns die Heimkehr an die Luft zu ermöglichen."[26] An diese zunächst als Wunsch formulierte Vermutung schließt aber sogleich die Frage an: „Aber wollten wir denn überhaupt zurück?"[27] Eigentlich nicht.

Zurück in die Zukunft

War in seinem früheren apokalyptischen Werk (*Strahlender Untergang*, 1982; *Die Schrecken des Eises und der Finsternis*, 1991; *Die letzte Welt*, 1992) das Ziel noch die Verwüstung des Menschen, „ein entwässerter Rest, / aus dem nun endlich / nichts mehr / hervorzugehen braucht"[28], so scheint *Damen & Herren unter Wasser* als ein ‚*Be*wässerungsprojekt' wesentlich optimistischer in die Welt. Während in *Strahlender Untergang* der Mensch aus der Geschichte (im doppelten Sinn) verschwindet bzw. in der menschenleeren Steinwüste unwiederbringlich versickert, wird die Metamorphose von Herrn Blueher in einen Kalmar schon früh im Buch als ein „höherer Zustand" seiner Existenz beschrieben, der aber nur ein „(vorläufiges) Ziel" auf dem Weg zur Verwandlung in Wasserstoff markiert, aus dem das Universum vor sehr langer Zeit, „nach jenem Urknall, der wohl eher ein Ur*platsch* gewesen war", entstanden ist.[29]

Am Anfang einer posthumanistischen Schöpfungsgeschichte war das Wasser: Bereits vor 30 Jahren und zuletzt in dem gemeinsam mit ihrem Sohn Dorion Sagan verfassten Buch *Acquiring Genomes*[30] lehnt die Mikrobiologin Lynn Margulis die militaristische und kapitalistische Rhetorik des ‚survival of the fittest' ab und vertritt die Hypothese, dass eukariotische Pflanzen- und Tierzellen ihren Ursprung

26 Ransmayr: *Damen & Herren unter Wasser*, S. 44.

27 Ebd., S. 45.

28 Ransmayr: *Strahlender Untergang*. Frankfurt am Main: Fischer 2000, S. 36. Die Originalausgabe erschien 1982 bei Christian Brandstätter, Wien.

29 Ransmayr: *Damen & Herren unter Wasser*, S. 38, 75.

30 Margulis / Sagan: *Acquiring Genomes*.

kernlosen Bakterien verdanken, die einander im Benthos des Ozeans vor ungefähr 3 Billionen Jahren ‚auffrassen'. Zunächst durch die gegenseitig parasitäre Kohabitation von bakteriellen Zellen, dann durch den Austausch von genetischem Material zwischen unterschiedlichen Lebewesen seien neue Zellsorten, neue Organe und sogar neue Arten entstanden. Biologische Neuheit und zunehmende Komplexität entstehen also durch die Aufnahme von systemfremden Genen, die in der Folge permanent im Genom der neuen Lebensform als Potential für weitere unvorhersehbare Veränderungen vorhanden sind.

Metamorphische Episoden in der Literatur gleichen endosymbiotischen Prozessen insofern, als sie die Stabilität von Bedeutungssystemen untergraben und stattdessen deren Kontingenz hervorheben. Kritisch-posthumanistische Zukunftsvisionen sind keine technophilen Szenarien der kompletten Umwandlung von organischen Entitäten in post-biologische Maschinen, sondern figurieren den Menschen neu als Teil eines grösseren ‚weltlichen' Zusammenhangs. Sie lehren uns, wie dies Bruce Clarke festhält, dass „humanity will have to post itself to the Gaian conception of its embeddedness within geobiological phenomena that are planetary and cosmic in scope. It will earn its continuation only by metamorphic integration into new evolutionary syntheses."[31] Das Überleben der Menschheit und ihre das sogenannte Anthropozän prägende Kriegs- und Zerstörungswut kann vielleicht genau durch so eine, in den Worten von Herrn Blueher „erweiterte, sozusagen fortgesetzte Evolution"[32] gesichert bzw. aufgehalten werden, ein Prozess, der auf den ersten humanistisch-anthropozentrischen Blick sicher als Devolution gesehen und gefürchtet wird. Nicht zufällig ist in den Überlegungen des Ich-Erzählers von Uniformen und Panzern die Rede, die es ganz abzustreifen bzw. aufzuweichen gilt:

> Das aber konnte durchaus bedeuten, dass nach und nach [...] alle Bewohner einer allmählich zur Wüste werdenden Oberwelt nach der Vollendung ihres Jahrhunderttausende andauernden Zerstörungswerkes *Huschhusch!* zurück in die Meerestiefe mussten. Und dort heraus aus den Kleidern!, heraus aus den Trachten, den Uniformen, den Panzern von Säugetieren, Wirbeltieren und natürlich

31 Bruce Clarke: *Posthuman Metamorphosis. Narrative and Systems.* New York: Fordham University Press 2008, S. 196.

32 Ransmayr: *Damen & Herren unter Wasser*, S. 75.

> erst recht aus jenem wässrigen Körper, der einmal den Titel *Homo sapiens* geführt hatte [...]
> Und dann nichts wie hinein in die Gestalten von Kiemenatmern, Wirbellosen, von Nacktschnecken und Quallen und weiter, immer weiter zurück und hinab, vorbei an den Lebensräumen meiner gegenwärtigen Artgenossen [...] bis in die Finsternis elftausend Meter tief klaffender Meeresgräben, hinab zu den Kraterrändern hydrothermischer *Schwarzer Raucher*, in deren giftigen Wolken ein von Sonnenlicht und Photosynthese völlig unabhängiges Leben wirbelt. Erst irgendwo dort unten, am Ende aller Vereinfachungen und simplifizierenden Verwandlungen konnte doch alles noch einmal und alles von vorne beginnen und diesmal vielleicht zu überzeugenderen Resultaten führen.[33]

Wenn der Wassermann in den letzten Sätzen sein Fisch-Werden nur als den ersten Schritt einer Rückentwicklung vorwärts in die Zukunft bezeichnet, dann ist mit dieser Verwandlungsgeschichte zugleich eine humanistisch-anthropozentrische wie auch eine kritisch-posthumanistische Kosmopoetik und -politik jenseits essentialistischer Hierarchisierungen verbunden. Nicht zuletzt demonstriert *Damen & Herren unter Wasser* die Macht der narrativen Imagination, im Zeitalter zunehmender artifizieller und natürlicher Hybridisierungen sowie beschleunigter Transformationsprozesse hoffnungsvollere und vielleicht auch versöhnlichere, sicher aber affirmativere und passendere Repräsentationen unserer *conditio humana* als ein ständiges Werden ohne vorhersehbare Ziele oder programmierbare Resultate zu entwerfen. Damit reiht sich der Text in eine zunehmende Anzahl von literarischen und philosophisch-theoretischen Metamorphosen ein, die mit neuen Figurationen des Menschlichen auch Denkgewohnheiten umformen wollen: „the point is not to know who we are but rather what, at last, we want to become, how to represent mutations, changes and transformations, rather than Being in its classical modes."[34] Die sieben Unterwassermenschen, denen ich bei meiner Lektüre begegnen durfte, sind „Wesen der Zukunft", wobei diesen Wesen nichts Wesentliches anhaftet. Ransmayr öffnet den Menschen durch sein Tier-Werden radikal auf das ‚Andere' der Zukunft, jenseits eines metaphysischen oder teleologischen Horizontes, jenseits jeglicher Bestimmung und Bestimmtheit. Dies geschieht jedoch nicht, wie mir scheint, aus nihilistischer Gleichgültigkeit, sondern im Glauben an eine positive Veränderung gegenwärtiger Verhältnisse durch

33 Ransymayr: *Damen & Herren unter Wasser*, S. 74.

34 Rosi Braidotti: *Metamorphoses. Towards a Materialist Theory of Becoming*. Cambridge: Polity 2002, S. 2.

die Literatur, einschließlich der Beziehung zwischen menschlichen und nicht-menschlichen Tieren. So funkt der Wassermann im letzten Abschnitt der Erzählung eine emphatische, wenn auch leicht verzweifelte Hoffnung auf eine bessere Welt, mit oder vielleicht auch besser ohne „uns“:

> Erst jenseits dieser famosesten aller Metamorphosen, dort, wo alle Formen und Gestalten wieder bloße Möglichkeit und keine einzige mehr Wirklichkeit waren, durften doch die alten Kräfte von Gravitation und Elektromagnetismus erneut wirksam werden und die verstreuten Trümmerchen dazu verführen, miteinander wieder zu liebäugeln, einander doch bitteschön noch einmal anzuziehen und sich dann Herrgottnochmal! wieder zusammenzutun, um niemals gesehene, ja noch nicht einmal geträumte Erscheinungen und Moden der hellen wie der dunklen Materie hervorzubringen, Gestalten und Wesen, grotesker und bösartiger – vielleicht aber, vielleicht [...] auch liebevoller und gütiger, als wir es je waren.[35]

Vielleicht ...

35 Ransmayr: *Damen & Herren unter Wasser*, S. 82–83. Den herrgöttlichen Anruf lese ich als kleines Zugeständnis, dass der Schöpfer vielleicht für den Ursprung der Materie, nicht aber für deren weitere autopoetische Aktivitäten verantwortlich gewesen sein könnte.

Vergebliche Metamorphosen

Gesellschaftskritik in Viktor Pelevins Roman *Žizn' nasekomych* (*Das Leben der Insekten*) und ihre gattungsgeschichtliche Tradition

Andreas Ohme

> Bei den Insekten wird aus einer Raupe ein Schmetterling,
> doch bei den Menschen ist es umgekehrt:
> Aus einem Schmetterling wird eine Raupe.[1]
> Anton P. Čechov

Tierfiguren spielen im Werk des russischen Autors Viktor Pelevin (*1962) eine vergleichsweise prominente Rolle. In aller Regel werden sie dazu genutzt, eine anthropologische Grundfrage aufzuwerfen, nämlich die nach der Abgrenzung von Mensch und Tier, wie bereits in einigen der frühen Erzählungen Pelevins deutlich wird. So trauert beispielsweise in *Nika* (*Nike*) der namenlose figurale Erzähler um seine kürzlich von einem Auto überfahrene Lebensgefährtin, die sich am Ende des Textes als eine Katze entpuppt.[2] Der Text spielt also mit den Präsuppositionen des Lesers, der sich Nika aufgrund der anthropomorphisierenden Redeweise des Erzählers im Verlauf der Lektüre zunächst als Frau vorgestellt hat. Während in *Nika* die oben angesprochene anthropologische Grundfrage nur indirekt thematisiert wird, avanciert sie in *Proischoždenie vidov* (*Die Entstehung der Arten*) hingegen zum eigentlichen Gegenstand der Darstellung.[3] Darauf deutet bereits die intertextuelle Bezugnahme auf Charles Darwins *On the Origin of Species* aus dem Jahr 1859 hin. Im Mittelpunkt dieser Erzählung Pelevins steht das für Darwins Denken zentrale Konzept vom Kampf ums Dasein, welches dieser gemäß der Handlung des Textes nun aber nicht anhand der Beobachtung der Natur entwickelt

1 Anton P. Čechov: *Polnoe sobranie sočinenij i pisem v 30 tomach. Tom 17: Zapisnye knižki. Zapisi na otdel'nych listach. Dnevniki.* Moskva: Nauka 1980, S. 83. Alle Übersetzungen aus dem Russischen stammen vom Verfasser.

2 Viktor Pelevin: Nika [1992]. In: Ders.: *Želtaja strela.* Moskva: Vagrius 2001, S. 413–429. Deutsch: Nike. In: Wiktor Pelewin: *Die Entstehung der Arten und andere Erzählungen.* Leipzig: Reclam 1995, S. 7–26.

3 Viktor Pelevin: Proischoždenie vidov [1993]. In: Ders.: *Želtaja strela*, S. 268–283. Deutsch: Die Entstehung der Arten. In: Pelewin: *Die Entstehung der Arten*, S. 76–93.

hat, sondern durch reale Kämpfe mit Primaten im Unterdeck der HMS Beagle. In Form einer realisierten Metapher zeigt der Text, wie Darwin zunächst einen Orang-Utan und anschließend einen Gorilla eigenhändig erlegt, weil er an die herrschenden Lebensbedingungen besser angepasst ist. Auf diese Weise wird die Figur Darwins selbst ganz dezidiert in die Reihe der Menschenaffen gestellt.

Diese beiden Erzählungen machen zwei wesentliche Merkmale im Umgang Pelevins mit der eingangs genannten anthropologischen Grundfrage deutlich: 1. In seinen Texten werden konventionalisierte Vorstellungen zunächst wachgerufen, um dann umso nachhaltiger mit ihnen zu brechen, wodurch komische Effekte erzielt werden. 2. Nicht die Unterschiede zwischen Mensch und Tier werden betont, sondern ihre Ähnlichkeit, die bisweilen eine klare Abgrenzung zwischen beiden problematisch erscheinen lässt. Angesichts dieses Befundes ist es wenig überraschend, dass Pelevin nicht selten auch das Motiv des Gestaltwandels nutzt, das eine solche Abgrenzung geradezu unmöglich macht. So stehen im Mittelpunkt des Romans *Svjaščennaja kniga oborotnja* (*Das heilige Buch der Werwölfe*) eine Werfüchsin und ein Werwolf, während sich im Roman *Empire V/Ampir V* (*Das fünfte Imperium. Ein Vampirroman*) der zentrale Handlungsträger nach dem Biss eines Vampirs in eine Fledermaus verwandeln kann.[4] Repräsentieren diese Metamorphosen in idealer Weise das zweite der oben genannten Merkmale, so trifft auf die beiden Romane aber auch das erste zu. Zwar sind die hier geschilderten Verwandlungen durch die Tradition der phantastischen Literatur konventionalisiert. Jedoch wird dadurch, dass die Handlung jeweils im gegenwärtigen Russland angesiedelt ist, eine groteske Grundkonstellation geschaffen, die ihrerseits die Basis für komische Effekte darstellt.

Noch deutlicher tritt die Groteske allerdings in jenem Roman zutage, der im Zentrum der weiteren Überlegungen stehen soll, nämlich *Žizn' nasekomych* aus dem Jahr 1993, weil die sich in ihm vollziehenden Metamorphosen durch die Konventionen der Phantastik nicht mehr gedeckt sind.[5] Allerdings stehen sie in einer bestimmten

4 Viktor Pelevin: *Svjaščennaja kniga oborotnja*. Moskva: Eksmo 2004. Deutsch: Viktor Pelewin: *Das heilige Buch der Werwölfe*. München: Luchterhand 2006; Viktor Pelevin: *Empire V/Ampir V*. Moskva: Eksmo 2006. Deutsch: Viktor Pelewin: *Das fünfte Imperium. Ein Vampirroman*. München: Luchterhand 2009.

5 Viktor Pelevin: Žizn' nasekomych. In: *Znamja* 04/1993, S. 6–65. Deutsch: Wiktor Pelewin: *Das Leben der Insekten*. Leipzig: Reclam 2000.

Gattungstradition aus der ersten Hälfte des 20. Jahrhunderts und damit auch in einem spezifischen Sinnzusammenhang, den es im Folgenden nach einer kurzen Beschreibung des Textformulars herauszuarbeiten gilt.

Wie die Bezeichnung einer biologischen Klasse im Titel des Romans bereits andeutet, entfaltet sich sein Geschehen nicht anhand eines einzelnen herausgehobenen Handlungsträgers. Stattdessen wird vor dem Leser in 15 Kapiteln mithilfe verschiedener Figuren ein gesellschaftliches Panorama ausgebreitet. Bisweilen haben diese Figuren lediglich einen episodischen Charakter, teilweise treten sie aber auch wiederholt auf, so dass sich mehrere klar konturierte Handlungsstränge ergeben, die den Roman strukturieren. Zur Kohärenz des Textes trägt ferner die Einheit des Handlungsortes bei – es handelt sich dabei um einen namentlich nicht genannten Kurort auf der Krim – sowie der Umstand, dass gerade am Beginn des Romans die Kapitelgrenzen nicht fest gezogen sind: Indem einzelne Geschehenssequenzen aus dem einen Kapitel im nächsten wieder aufgegriffen werden, wird signalisiert, dass sich die jeweiligen Handlungen parallel abspielen.

Wird eine Paraphrase des Textes bereits durch die Zergliederung des Geschehens in einzelne Episoden erheblich erschwert, so wird sie durch die Figurenkonzeption nahezu unmöglich gemacht. Ausschlaggebend hierfür ist der Umstand, dass die Figuren zwar über eine stabile Identität verfügen, ihre äußere Gestalt im Laufe des Geschehens hingegen mindestens einmal wechseln, und zwar zwischen Insekten- und Menschengestalt. Einerseits erscheint das Konzept der Metamorphose mit der Wahl von Insekten als Handlungsträgern durchaus motiviert. Andererseits verleiht es in seiner konkreten Ausgestaltung dem Text eben jene bereits angesprochenen grotesken Züge, da sich diese Verwandlungen Anfang der 1990er Jahre vollziehen. Darauf weist die Erwähnung einer Matrëška-Figur mit dem Bild Boris El'cins hin. Im Text wird der lebensweltliche Erfahrungshorizont des Lesers also wachgerufen, um dann von der Handlung konterkariert zu werden.[6]

6 Zur Definition des Grotesken vgl. Andreas Ohme: *Karel Čapeks Roman „Der Krieg mit den Molchen". Verfahren – Intention – Rezeption.* Frankfurt am Main: Peter Lang 2002, S. 82–85. Hier findet sich auch eine Abgrenzung des Grotesken vom Phantastischen.

Die Spezifik dieser Metamorphosen wird bereits im 1. Kapitel deutlich. In ihm treffen sich die Russen Artur und Arnol'd mit dem Amerikaner Semjuėl' (Sem) Sakker, um geschäftliche Beziehungen anzubahnen. Irritierend ist dabei zunächst ihr Gesprächsgegenstand, spielen bei dem geplanten Geschäft doch Hämoglobin und Glukose eine gewisse Rolle. Zudem kommt die Rede auch auf Insektizide. Noch irritierender ist freilich, dass sich die drei unversehens von der Brüstung eines Kurhauses stürzen und sich in Stechmücken verwandeln. In dieser Gestalt sticht Sem einen schlafenden Russen, um dessen Blut zu verkosten, welches jedoch offenbar so sehr mit Alkohol angereichert ist, dass Sem die Kontrolle über sich zu verlieren droht. Deshalb stützen ihn Artur und Arnol'd, so dass er mit ihrer Hilfe davonfliegen kann. Schließlich verwandeln sich alle drei erneut in Menschen, wobei Sem in dieser Gestalt das gesaugte Blut wieder erbricht.

Bezüglich der Metamorphosen in *Žizn' nasekomych* lässt sich mithin Folgendes festhalten. 1. Sie vollziehen sich in beide Richtungen, wobei der ursprüngliche Zustand menschlicher oder tierischer Natur sein kann. 2. Auch in Menschenform haben die Figuren von sich ein Bewusstsein als Insekten und tragen an den Folgen ihrer Verhaltensweisen aus ihrem tierischen Zustand (Sems Übelkeit). 3. Mit der körperlichen Verwandlung in Insekten geht keine Bewusstseinsveränderung einher. Auch als Tiere denken und sprechen die Figuren wie Menschen und legen menschliche Verhaltensweisen an den Tag (Artur und Arnol'd greifen Sem unter die Flügel). Durch die reversiblen Verwandlungen sowie durch die Kombination menschlicher und tierischer Eigenschaften wird die Unterscheidbarkeit von Mensch und Tier nachhaltig infrage gestellt.

Durch verschiedene Textstrategien wird diese Tendenz sogar noch verstärkt. Spricht der Erzähler anfangs noch dezidiert von einer Verwandlung,[7] so taucht dieser Begriff im Hinblick auf den Gestaltwechsel der Figuren im Roman kein weiteres Mal mehr auf. Bisweilen lässt er sich aus einem Wechsel der Perspektive allerdings immerhin noch erschließen. So wird eine Bank an der Uferpromenade wegen ihrer verkohlten Stirnseite vom nicht-figuralen Erzähler zunächst mit einem Streichholz verglichen, kurz danach aber direkt als Streichholz

7 „Artur und Arnol'd verwandelten sich in kleine Mücken […].“ (Viktor Pelevin: Žizn' nasekomych. In: Ders.: *Žizn' nasekomych. Romany.* Moskva: Vagrius 2000, S. 153–351, hier S. 159.)

bezeichnet.[8] Entspricht die erste Perspektive derjenigen der Figuren als Menschen, korrespondiert die zweite mit ihrer Sichtweise nach der Verwandlung in Insekten. Fungiert ein solcher Perspektivwechsel noch als eine Art Orientierungshilfe für den Leser, ist dessen Verwirrung umso größer, wenn die Kombination menschlicher und tierischer Eigenschaften völlig unvermittelt auftritt, wie dies in Pelevins Text zumeist geschieht und woraus einmal mehr eine Vielzahl komischer Effekte resultiert. So bohrt Sem beispielsweise als Fahrgast in einem Taxi seinen Saugrüssel ungeniert in den Nacken des Fahrers oder lackiert sich Nataša, die jugendliche Geliebte Sems, bei der es sich um eine Fliege handelt, ihre Saugnäpfe. In diesen und vielen anderen Fällen ist endgültig nicht mehr zu unterscheiden, ob es sich in den jeweiligen Szenen um Menschen oder um Insekten handelt.[9] Die in *Žizn' nasekomych* auf die Spitze getriebene groteske Konstellation unterscheidet Pelevins Text kategorial von der Fabel und dem Tierepos, welche sich eines allegorischen Darstellungsprinzips bedienen, das sowohl die Verwendung von Elementen aus der Lebenswelt des zeitgenössischen Lesers einerseits als auch die Verwandlung der Figuren andererseits ausschließt.[10] Aus diesem Grunde ist auch

8 Pelevin: Žizn' nasekomych, S. 177–178.

9 Es ist wohl diese, den Text weithin prägende Ununterscheidbarkeit von Mensch und Tier, die in der Forschung zu der Behauptung geführt hat, dass sich in *Žizn' nasekomych* überhaupt keine Metamorphosen vollzögen: „So wie hier sind alle Figuren des Romans sowohl Menschen als auch Insekten, sie besitzen abwechselnd deren spezifische physische Eigenschaften, verfügen aber in jedem Fall – auch als Insekt – über eine (äußere und innere) Stimme. Dabei handelt es sich nicht um Verwandlungen von einer Gestalt in die andere, die reversibel ein Switchen zwischen beiden Zuständen ermöglichen würde. Vielmehr schafft Pelevin Figuren, ‚who inhabit two worlds simultaneously' (Genis 1999: 299). Welcher Welt sie nun gerade angehören, hält der Erzähler oft in der Schwebe, indem er zu den Merkmalen der einen Welt die der anderen durch Allusionen aufruft." (Renate Hansen-Kokoruš: Der Metamorphose-Diskurs in Pelevins „Das Leben der Insekten". In: Beate Henn-Memmesheimer / David G. John (Hrsg.): *Cultural Link: Kanada – Deutschland. Festschrift zum dreißigjährigen Bestehen eines akademischen Austauschs.* St. Ingbert: Röhrig 2003, S. 279–294, hier S. 281.) Zwar ist Hansen-Kokoruš darin zuzustimmen, dass der Erzähler eine rezeptionslenkende Funktion kaum wahrnimmt, doch gibt es gegen ihre insgesamt vereinfachende Sicht der Dinge gewichtige Einwände. Zum einen ist in Pelevins Text, wie das obige Zitat belegt, immerhin einmal dezidiert von einer Verwandlung die Rede. Zum anderen sterben vier der Figuren in Gestalt von Insekten in einer Menschenwelt: Ein namenloser Mistkäfer wird von einem Schuh zerquetscht; Nataša erschlägt als Mensch die Mücke Arčibal'd; Maksim und Nikita verbrennen als Hanfwanzen in einem Joint, den Sem und Nataša rauchen; Nataša selbst endet schließlich an dem chemischen Fliegenfänger eines Restaurants.

10 Zudem sind in diesen Gattungen die Figuren in der Regel auf ein Merkmal

Aleksandr Genis zuzustimmen, wenn er den Unterschied zwischen Pelevins Roman und dem fast titelgleichen Drama *Ze života hmyzu* (*Aus dem Leben der Insekten*) der Brüder Karel und Josef Čapek betont, welches ganz dem allegorischen Darstellungsprinzip verpflichtet ist.[11] Als Referenzpunkt kann allerdings ein anderer Text des tschechischen Autors Karel Čapek dienen, nämlich sein Roman *Válka s Mloky* (*Der Krieg mit den Molchen*) aus dem Jahr 1936, denn zum einen weist er eine – wenn auch im Vergleich zu *Žizn' nasekomych* deutlich weniger radikale – groteske Konstellation auf und zum anderen wird diese Konstellation zur satirischen Kritik an zeitgenössischen gesellschaftlichen Entwicklungen genutzt.[12] Eben dies trifft auch für Pelevins Text zu.

Zentraler Gegenstand der Satire sind die Folgen der Transformation der Sowjetunion von einer sozialistischen in eine kapitalistische Gesellschaft, die in einem metaphorischen Sinne selbst als eine Art Metamorphose verstanden werden kann. Dieser Prozess ist gekennzeichnet von der Eröffnung neuer Spielräume in allen Lebensbereichen, die freilich mit dem Verlust vergleichsweise sicherer und stabiler Strukturen erkauft sind. Zu den Verlierern in diesem Prozess gehören beispielsweise Marina und Arčibal'd. Anhand von Marina werden vor allem soziale Probleme thematisiert, so etwa die prekäre Versorgungslage, wenn sie sich mit einer Geschlechtsgenossin um Lebensmittelabfälle von einem Markt streitet. Die Ursache für diese sozialen

reduziert, welches per Konvention mit den jeweiligen Tieren in Verbindung gebracht wird. In Pelevins Text weisen die Figuren hingegen einen deutlich komplexeren Charakter auf. Lediglich Sem entspricht auf den ersten Blick dieser fabeltypischen Konvention, auf die bereits sein sprechender Name hindeutet: Er ist tatsächlich ein Sakker (Sucker), nämlich ein Blutsauger, und dies im wörtlichen wie im übertragenen Sinn. Darüber hinaus geht er aber auch eine Liebesbeziehung ein, die per intertextuellem Verweis erneut eine komische Note erhält. Angesichts der Jugendlichkeit Natašas einerseits und der Charakterisierung von Sems Teint, von dem es heißt, er sei von einer zarten Bräune gleichsam Nabokovscher Schattierung, muss sich der Leser geradezu zwangsläufig an den „Skandalroman“ *Lolita* aus der Feder des genannten russisch-amerikanischen Autors erinnert fühlen (Pelevin: Žizn' nasekomych, S. 157).

11 Vgl. Alexander Genis: Borders and Metamorphoses. Viktor Pelevin in the Context of Post-Soviet Literature. In: Karen L. Ryan / Barry P. Scherr (Hrsg.): *Twentieth-Century Russian Literature. Selected Papers from the Fifth World Congress of Central and East European Studies*. Basingstoke u. a.: Macmillan Press 2000, S. 294–306, hier S. 301–302.

12 In Čapeks Roman werden in der dargestellten Welt, die durch verschiedene Verfahren der Lebenswelt des zeitgenössischen Lesers maximal angenähert ist, sprachbegabte Molche von der Größe eines Kindes entdeckt, die sich im Verlauf der Handlung den Menschen immer mehr angleichen.

Verwerfungen wird von Nataša direkt benannt, nämlich die Missachtung der bürgerlichen Grundrechte durch die Eliten, denen es ausschließlich um ein Leben im größtmöglichen Luxus geht.[13] Gemeint sind damit nicht die ‚neuen Russen', die Anfang der 1990er Jahre noch keine signifikante gesellschaftliche Gruppe darstellten, sondern die alten Machthaber, denen es auch nach der Auflösung der Sowjetunion im Jahr 1991 gelungen ist, ihre Privilegien zu verteidigen. Jedenfalls wird das Weiterwirken überkommener Strukturen und Denkweisen auf unterschiedliche Weise thematisiert, so beispielsweise an der kurzen Distanz zwischen der Krim und Magadan, einer bis 1991 geschlossenen Stadt mit einem Militärhafen im fernen Osten Russlands, die ursprünglich als Zwangsarbeiterlager gegründet worden war. Die dem Weltwissen zuwiderlaufende Nähe zwischen beiden Orten wird dadurch evoziert, dass sich Natašas Vater als Ameise problemlos von einem zum anderen durchgraben kann. Sie lässt sich nur symbolisch auflösen als das Fortbestehen sowjetischer Traditionen, die zudem durch ein Propagandaspruchband deutlich alludiert werden.

Nicht nur die Kontinuität von Strukturen ist Gegenstand der Satire, sondern auch die Kontinuität von Mentalitäten, wie an der Figur der Stechmücke Arčibal'd deutlich wird. Er pflegt in seinem Geschäft weiterhin die Lethargie und Passivität, die für die Arbeitsmoral in der Sowjetunion so charakteristisch war und die in krassem Gegensatz zur offiziellen Propaganda stand, die durch ein Schild an Arčibal'ds Geschäft in den Text eingebracht wird.[14] Das Gegenmodell hierzu bilden Artur und Arnol'd, die die Zeichen der Zeit erkannt haben und mit Sem ein Joint Venture planen, welches allerdings auf Kosten ihrer Mitbürger geht, wie das Bild des Blutsaugens drastisch vor Augen führt.

Allerdings beschränkt sich die Satire in *Žizn' nasekomych* nicht auf konkrete zeitgenössische Phänomene, sondern reicht deutlich weiter, indem sie unabhängig von bestimmten gesellschaftlichen Systemen eine skeptische Zukunftsperspektive für die Menschheit ganz generell entwirft. Evoziert wird dies auf zweierlei Art, nämlich implizit durch intertextuelle Verweise und explizit durch bestimmte Motive und Strukturen des Textes selbst.

13 Pelevin: Žizn' nasekomych, S. 290.

14 Ebd., S. 250.

Als zentraler intertextueller Bezugspunkt haben in diesem Zusammenhang die späten Dramen Anton P. Čechovs zu gelten, auf die über die Person des Autors sowie über mehr oder weniger direkte Hinweise auf einzelne seiner Stücke wiederholt angespielt wird. Der im gegebenen Kontext entscheidende intertextuelle Bezug ist indirekter Art und verweist anhand eines zentralen Motivs beider Texte auf Čechovs Drama *Tri sestry* (*Drei Schwestern*). In diesem Stück entspinnt sich zwischen Veršinin und Tuzenbach eine Debatte über die künftige Entwicklung der Menschheit, wobei ersterer ihr eine glänzende Zukunft voraussagt, letzterer hingegen davon ausgeht, dass der Mensch sich niemals ändern werde und deshalb alles immer so bleibe, wie es nun einmal sei. Das Schicksal der drei Hauptfiguren gibt Tuzenbach Recht, so dass Veršinins utopischer Diskurs nachhaltig desavouiert wird. Arčibal'd hingegen hat in seiner Jugend auf eine bessere Zukunft gehofft, wie er selbst eingesteht, und ist damit gleichsam Veršinins Utopie-Diskurs aufgesessen.[15] Und in der Tat war die Sowjetunion ja mit dem Versprechen einer gerechteren gesellschaftlichen Ordnung angetreten, woran im Text unter anderem durch die wiederholte Nennung Lenins erinnert wird, am deutlichsten aber anhand eines Schildes, auf dem die rosige Zukunft des Landes zwar noch beschworen, vom Erzähler aber selbst in Abrede gestellt wird.[16] Diese Einschätzung wird nicht nur vom Schicksal Arčibal'ds bestätigt, der ob seines Misserfolges ganz bewusst den Tod sucht, sondern auch durch eben jene satirische Gesellschaftskritik, die oben kurz umrissen wurde. Sie gipfelt darin, dass Sem Russland und die Ukraine als Teil der dritten Welt bezeichnet.

Diese Charakterisierung wird nun allerdings genutzt, um zu zeigen, dass in Russland Anspruch und Wirklichkeit schon immer auseinanderklafften, so bereits im Falle des im 16. Jahrhundert formulierten Zieles, die Nachfolge Konstantinopels anzutreten und auf diese Weise zum dritten Rom zu werden. Schließlich ergibt im Russischen die Umkehrung des Wortes *Rim* in *tretij Rim* (drittes Rom) genau *tretij mir* (dritte Welt), worauf Sem explizit hinweist.[17] Die Karikierung politischer Programme, die somit auch eine historische Dimension erhält, wird zugleich in geographischer Hinsicht ausgeweitet, da sich

15 Ebd., S. 252.

16 Ebd., S. 186.

17 Ebd., S. 216.

die Nachfolgestaaten der Sowjetunion nicht grundsätzlich von den USA zu unterscheiden scheinen, wie der Text insinuiert. Die Analogie wird anhand zweier Synonyme evoziert, die auf der Ebene der Existenzform als Insekt motiviert erscheinen, nämlich *navoz* (Mist, vulg. auch Scheiße) und *govno* (Scheiße). Die Initiation bei den Mistkäfern erfolgt dadurch, dass der Vater seinem Sohn Mist überreicht, den er in Zukunft anhäufen soll. Auf die Frage des Sohnes, wo er ihn denn finden könne, antwortet der Vater, um sie herum sei alles Mist. Die Verschiebung von der wörtlichen zur übertragenen Bedeutung des Wortes wird damit abgeschlossen, dass der Vater seine Mistkugel mit der ganzen Welt gleichsetzt.[18] Dass diese Sicht der Dinge zumindest auch auf die USA zutrifft, ergibt sich daraus, dass Sem die folgende Frage Natašas mit einem Lächeln bejaht: „[...] und gibt es in Amerika viel Scheiße?“[19]

An dieser Stelle wird die zentrale Funktion der doppelten Existenzweise der Figuren in *Žizn' nasekomych* deutlich: Ihre Verhaltens- und Sichtweisen als Insekten lassen sich auf ihre menschliche Existenz übertragen, die dadurch ironisiert wird. Auf diese Weise wird ein radikal pessimistisches Menschenbild evoziert, wie einige weitere Beispiele verdeutlichen mögen. Die oben bereits angesprochene Initiation verläuft bezeichnenderweise durch eine Verwandlung von Menschen in Käfer, wodurch das Konzept der Metamorphose, die einen Übergang von einem niedrigeren in ein höheres Stadium impliziert, auf den Kopf gestellt und zugleich der diesem Beitrag vorangestellte Aphorismus von Čechov affirmiert wird. Der Mensch wird dadurch auf seine animalischen Anteile reduziert, die auch sein soziales Verhalten bestimmen, worauf bereits der Titel des Romans als zentraler rezeptionslenkender Paratext hindeutet. So tröstet Sem Nataša, nachdem sie Arčibal'd erschlagen hat, mit den Worten: „Insekten töten sich gegenseitig, häufig sogar, ohne es zu merken.“[20] Dieser Umstand wird am Kannibalismus Marinas veranschaulicht, die nicht nur Teile ihres toten Mannes verspeist, sondern auch einen Großteil ihrer Brut. Auch auf struktureller Ebene lässt sich dieses pessimistische Menschenbild nachweisen, nämlich im Konzept einer zyklischen Zeitstruktur, die den Fortschrittsgedanken untergräbt. So

18 Pelevin: Žizn' nasekomych, S. 175.

19 Ebd., S. 223.

20 Ebd., S. 281.

erkennt die Schabe Serëža am Ende seines Lebens, dass er wieder an dessen Ausgangspunkt angekommen ist, wodurch es ihm völlig sinnlos erscheint.[21] In der Initiationsepisode wird auch ein Grund hierfür nahegelegt: Die Eltern übergeben ihren Kindern von der Geburt an ihren gesamten Mist.[22]

Die Herausbildung eines neuen Menschen, wie sie in der Sowjetunion propagiert wurde, scheint damit prinzipiell ausgeschlossen. Die Vorstellung von der Perfektibilität des Menschen ist freilich keine sowjetische Erfindung, sondern stammt aus der Epoche der Aufklärung. Und genau darauf zielt der Umgang mit der für die Aufklärung charakteristischen Lichtmetaphorik, die Pelevins Roman durchzieht und die dabei ad absurdum geführt wird. Denn die Insekten streben zwar zum Licht, doch endet ihre Berührung mit dem Licht für sie tödlich. Das pessimistische Menschenbild, welches in der Negation teleologischer Konzepte seinen sinnfälligen Ausdruck findet, also in der Zyklizität einerseits und in der Ununterscheidbarkeit von Mensch und Tier andererseits, verbindet *Žizn' nasekomych* nicht nur mit *Válka s Mloky*, sondern auch mit Anatole Frances Roman *L'île des pingouins* (1908), der Erzählung *La bête conquérante* von Pierre MacOrlan (1919) sowie George Orwells „fairy story" *Animal Farm* (1945), die die gesellschaftspolitischen Utopien aus dem 19. und der ersten Hälfte des 20. Jahrhunderts parodieren.[23] Pelevin steht damit in einer utopiekritischen Tradition, die, nach dem Scheitern der Sowjetunion scheinbar bestätigt, in *Žizn' nasekomych* noch einmal aktualisiert wird.

Gleichzeitig scheint in diesem Roman anhand der Figur Mitjas aber auch ein Gegenmodell entworfen zu werden. Er sucht sein Glück nicht im gesellschaftlichen Erfolg, sondern in der Erforschung seines Selbst. Bezeichnenderweise durchläuft er dabei nicht nur Metamorphosen zwischen Mensch und Insekt, sondern verwandelt sich auch von einer Motte in ein Glühwürmchen, d. h. er strebt nicht wie die anderen zum Licht, sondern leuchtet schließlich von innen heraus.[24] Verbunden ist diese Entwicklung mit Hinweisen auf den Zen-Buddhismus, so beispielsweise wenn ihm sein Lehrmeister Dima einen

21 Ebd., S. 318.

22 Ebd., S. 176.

23 Vgl. dazu Andreas Ohme: Von Schweinen, Molchen und Pinguinen. „Tierische" Gesellschaftskritik in der ersten Hälfte des 20. Jahrhunderts. In: *Zeitschrift für Slawistik* 54,1 (2009), S. 3–19.

24 Pelevin: Žizn' nasekomych, S. 245.

Kōan aufgibt, der gerade das Lichtmotiv beinhaltet.[25] Zudem liest Mitja das *I Ging*, welches im Roman aber, dem Metamorphosendiskurs entsprechend, lediglich mit dem übersetzten Titel als *Buch der Wandlungen* bezeichnet wird.[26]

Ob diese Alternative, also die konsequente Wendung nach innen, allerdings wirklich ernst zu nehmen ist, erscheint durchaus fraglich. Denn gerade durch die Figur Mitjas wird kurz vor Ende des Romans dessen fiktionaler Status bloßgelegt.[27] Auch die drei Verse, mit denen der Text schließt und die die neu gewonnene Freiheit Dmitrijs, der schließlich mit sich selbst eins geworden ist, anzudeuten scheinen, erweisen sich als doppeldeutig. Sie lauten: „Morgen werde ich davonfliegen / in einen sonnigen Sommer, / ich werde all das tun, wozu ich Lust habe."[28] Auffällig ist daran bereits, dass die Zeitangabe (Sommer) im Widerspruch zur Handlung steht, die im Herbst spielt. Die Ironie wird aber vor allem darin erkennbar, dass diese Verse aus dem Refrain des gleichnamigen Popsongs der russischen Gruppe *Miraž* aus dem Jahr 1987 stammen.[29] Der scheinbare Ernst der Schlussszene und damit auch des Dima/Mitja-Handlungsstranges wird durch diesen intertextuellen Verweis auf die Popkultur spielerisch gebrochen.

Durch die punktuelle Metafiktion, die überbordende Intertextualität und nicht zuletzt die Diskussion über die postmoderne Kunst im 9. Kapitel des Romans wird die Ironie, die die Figurenkonzeption des Textes auszeichnet, auf diesen als ganzen übertragen. Auch in diesem Sinne ist *Žizn' nasekomych* als eine Polemik sowohl bezogen auf die Literatur des Sozialistischen Realismus, die sich nicht zuletzt durch ihre didaktische Intention auszeichnet, als auch auf die Tradition der literarischen Utopie zu verstehen. Dem moralphilosophischen Anspruch dieser Gattung, der in der Doktrin des Sozialistischen Realismus gleichsam vulgarisiert worden ist, wird das Prinzip des Ludismus entgegengestellt, das die Leser nicht in erster Linie belehren, sondern selbst zum Nachdenken anregen will.

25 „Der Mond reflektiert das Sonnenlicht", sagte er. „Aber was für ein Licht reflektiert die SONNE?" (Pelevin: Žizn' nasekomych, S. 209.)

26 Ebd., S. 298.

27 Ebd., S. 350.

28 Ebd., S. 351.

29 Wohl deshalb, weil für die meisten deutschsprachigen Leser dieser Bezug nicht erkennbar ist, hat sich der Übersetzer für einen anderen Schluss entschieden, der die pessimistische Perspektive nicht ironisch, sondern direkt zum Ausdruck bringt.

Natur- und kunstgeschichtliche Metamorphosendarstellungen

Die Ästhetik der Metamorphose in naturhistorischen Tierdarstellungen der Frühen Neuzeit

Silke Förschler

Bilder, die Gestaltwandlungen von Tieren zeigen, sind in der Frühen Neuzeit ein Ausweis empirisch genauer Beobachtung. Gleichwohl lässt sich in den naturhistorischen Überblickswerken des 17. und 18. Jahrhunderts keine einheitliche Darstellungsweise des Prozesses der Metamorphose ausmachen. Den Darstellungen ist allerdings gemeinsam, dass auf allen Blättern verschiedene Stadien der Metamorphose abgebildet werden, um den Entwicklungsprozess zu zeigen. Damit ist den Blättern auch immer ein zeitlicher Ablauf eingeschrieben. Mit Hilfe verschiedener Anordnungen unterschiedlicher Erscheinungen eines Tieres soll die Dynamik der äußerlichen Wandlung zwar auf einen Blick einleuchten; wie dies erfolgt ist jedoch keinesfalls festgelegt. Beweis und Illustration des Geschehens im Bild, also die Evidenzbehauptung der Metamorphose, arbeiten in naturhistorischen Werken entweder mit der Bildordnung des Stilllebens oder mit dem Präsentationsmodus von Sammlungen, der bereits erfolgreich für die Visualisierungen von anatomischen Ergebnissen verwendet wird. Damit ist, so die Hypothese, für naturwissenschaftliche Tafeln die ästhetische Ordnung der Dinge wesentlich. Das Gezeigte erlangt in Relation zu künstlerischen Darstellungsweisen Gewicht.

Ästhetische Ideale naturhistorischer Tierforschung

Wie eng naturhistorische Praxen der Erforschung von Tieren mit Reflexionen über die innerbildliche Ordnung zusammenhängen, machen die ersten Protokolle und Publikationen der *Royal Society of Science* und der *Académie des sciences* deutlich. Das Anliegen der nationalen Wissenschaftsakademien in London und Paris, gegründet 1662 bzw. 1666, ist es, die gewonnenen Erkenntnisse zu fixieren und zu verbreiten.[1] Das Ideal einer plausiblen Darstellung von erlangten

1 „Ce que nos Memoires sont de plus considerable, extace témoignage irreprochable d'une verité certaine & reconnuë." (Claude Perrault: Préface. In: Ders.: *Memoires pour servir à l'histoire naturelle des animaux*. Paris: Imprimerie Royale 1676, o. P.) „Das was an unseren Ergebnissen am beachtlichsten ist, ist die Evidenz einer sicheren und anerkannten Wahrheit." (Übersetzung S. F.).

Ergebnissen besteht darin, sie in Form eines lebendigen Gemäldes zu bringen. Dabei, so der Anspruch, sollen die Inhalte schmucklos vermittelt werden. Gegebenheiten gilt es auf der Leinwand lediglich zu spiegeln, ohne ihnen etwas hinzuzufügen.[2] Wahrhaftigkeit im Bild entsteht also durch widersprüchliche Elemente: es gilt, den Anforderungen eines gelungenen Gemäldes gerecht zu werden und gleichzeitig genau abzubilden. Eine naturwissenschaftliche Tafel vereint in sich künstlerische und mimetische Elemente. Besonders herausfordernd, so die zeitgenössische Meinung, ist die genaue Abbildung von exotischen Tieren. Anhand der exakten Darstellung von Tieren aus fernen Ländern zeigt sich, so die Annahme, wahre Wissenschaftlichkeit. In der Wiedergabe ihres Äußeren, das den europäischen Betrachtenden fremd ist, muss genauso viel Sorgfalt angewandt werden wie bei der Veranschaulichung von anatomischen Sachverhalten. Beides ist gleichermaßen unbekannt und soll detailgenau vermittelt werden.[3] Bis zu Comte de Buffons *Histoire naturelle*[4] sind unterschiedliche Illustrationen ein und desselben Tieres so konzipiert, dass gleichzeitig das lebendige Tier und eine Detailansicht seiner Organe und seines Skeletts zu sehen sind.[5] Auch hier sind ästhetische Ordnungen auszumachen: Die lebendigen Tiere werden häufig wie eine Skulptur

2 „Or quoi qu'on ne se soit arresté qu'à cette description, & à cette peinture naïve, que nous avons tâché de faire avec simplicité, & sans ornement, & qu'on n'ait point eû d'autre intention, que de faire voir les choses telles que nous les avons veuës, & de mesme qu'en un miroir, que ne met rien du sien, & qui ne represente que ce qui lui a esté presenté." (Perrault: Préface.) „Nun bleiben wir ausschließlich bei dieser Beschreibung und bei dem lebendigen Gemälde, um dessen schlichte Ausführung wir uns bemühen, ohne Ornament und mit dem einzigen Ziel, die Dinge entdecken zu können, wie wir sie gefunden haben, und sie wie in einem Spiegel, der lediglich abbildet, darzustellen, also sie nur zu präsentieren." (Übersetzung S. F.).

3 „Dans les Descriptions des Animaux rares, & qui viennent des Païs estrangers, nous avons apporté un grand soin à bien dépeindre leur forme exterieure, & à marquer la grandeur & la proportion de toutes les parties que se voient sans dissection; parce que ce sont des choses presque aussi peu conuës que tout ce qui est enfermé au dedans." (Ebd.) „In den Beschreibungen von seltenen Tieren, die aus fernen Ländern kommen, muss besondere Sorgfalt auf die genaue Darstellungen ihres Äußeren angewandt werden, Größe und Proportionen, die ohne anatomische Untersuchungen zu sehen sind, müssen deutlich angezeigt werden, da das Äußere der Tiere genauso unbekannt ist wie ihre Knochen und Organe." (Übersetzung S. F.).

4 Georges-Louis Leclerc Comte de Buffons 36 Bände der *Histoire naturelle générale et particulière* erscheinen zwischen 1749 und 1789 in ihrer ersten Auflage und erreichen bis ins 19. Jahrhundert über 250 Auflagen.

5 Zur Bedeutung des Sezierens von Tieren seit der Antike und zu Darstellungen des geöffneten Tierkörpers vgl. Christophe Degueurce / Hélène Delalex (Hrsg.): *Beautés intérieures. L'animal à corps ouvert.* Paris: RMN 2012.

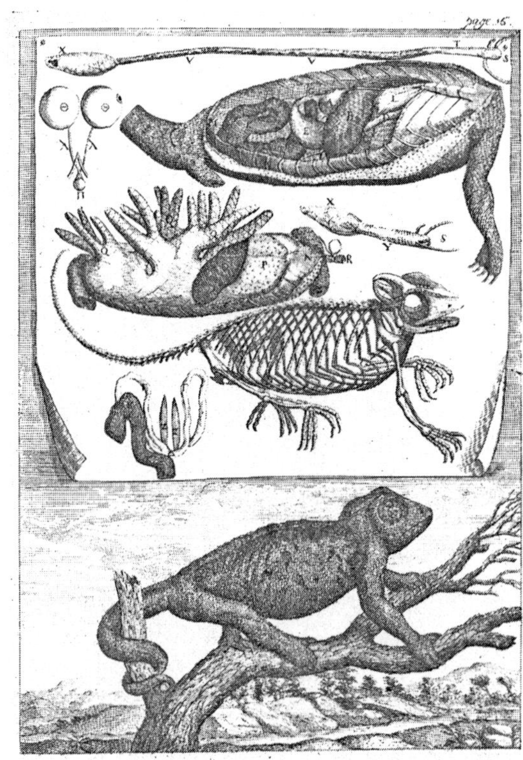

Abb. 1
Description anatomique d'un caméléon.
In: Claude Perrault: *Description anatomique d'un caméléon, d'un castor, d'un dromadaire, d'un ours et d'un gazelle.* Paris 1669, S. 16.

zur besseren Sichtbarkeit auf einen Sockel gestellt, während die ausgebreiteten Organe die Vergleichbarkeit verschiedener Dinge einer Sammlung versprechen. Für die Vermittlung wissenschaftlicher Evidenz auf dem Blatt sind räumliche Anordnungen zentral, wie die Platzierung einer Skulptur und die Präsentation einer Sammlung.

Claude Perrault: Tafeln mit verschiedenen Realitätsebenen

Anhand des Blattes zum Chamäleon in Claude Perraults *Description anatomique d'un caméléon, d'un castor, d'un dromedaire, d'un ours et d'une gazelle*, erschienen 1669 in Paris und schon 1688 ins Englische übersetzt, lassen sich zentrale Darstellungsweisen unterschiedlicher Tieransichten darlegen (Abb. 1). Im unteren Teil der Grafik ist ein Chamäleon im Profil zu sehen. Im oberen Bereich des Blattes wird die Szene von einer weiteren Bildebene überlagert. Mit zwei Nägeln ist ein quadratisches Papier unter dem Bildrand befestigt. Seine unteren Ecken rollen sich nach innen ein, so dass seine Materialität deutlich hervortritt. Auf dem Papier sind mit Indices versehene Organe sowie das vollständige Skelett abgebildet. Wie in einer Sammlung werden die unterschiedlichen Teile auf weißem Grund präsentiert. Voraussetzung einer gelungenen Zusammenführung der Stadien des Tieres sind Markierungen verschiedener Realitätsebenen im Bild. Im Vergleich beider kann das bestehende Wissen über das jeweilige Tier erschlossen werden. Diese Bildordnung macht die Parameter frühneuzeitlicher Erkenntnisgenerierung deutlich. Die Bedingung für die evidente Etablierung des äußerlichen Wandels eines Tieres ist das Verhältnis ästhetischer und präsentierender Modi. Mit ihnen geht das Versprechen der eigenen Beobachtung einher.[6]

Maria Sibylla Merians Ästhetik des Stilllebens

Maria Sibylla Merian entwickelt ein konsistentes ästhetisches Konzept zur Umsetzung ihrer Beobachtungen der Metamorphose von der Raupe zum Schmetterling. Deutlich wird dies in den Bänden *Der Raupen wunderbare Verwandlung und sonderbare Blumen=nahrung*[7]. Der erste Teil erscheint 1679 in Nürnberg, Leipzig und Frankfurt am Main, der zweite wird 1683 veröffentlicht, während der dritte Teil posthum 1717 in Amsterdam verlegt wird. Der erste Teil des Raupenbuches enthält ein Titelkupfer und fünfzig Kupferstiche, auf denen Raupen, Eier, Puppe, Kokon und Imago dargestellt sind sowie die Futterpflanze der Raupen. Die Bücher Merians konnten unkoloriert, eigenhändig koloriert oder von Merians Töchtern koloriert erworben werden. Jeder Tafel ist eine Beschreibung zugeordnet, in der Merian ihre Beobachtungen der Metamorphose schildert. Im Vorwort des ersten Bandes stellt sie ihre Manier, Blumen mit Schmetterlingen und Insekten auf einer Tafel darzustellen, in einen Zusammenhang mit dem Bemühen

6 An der internationalen Rezeption der naturhistorischen Tafeln kann der zentrale Stellenwert des Zeichnens oder Malens nach der Natur, des „dessin d'apres nature" oder „pris sur le vif" oder „peint d'apres nature", abgelesen werden. Wie Ernst Gombrich herausgearbeitet hat, gibt es diese Bezeugungsformel der eigenen Anschauung bei Tierdarstellungen seit dem 16. Jahrhundert, jedoch bewahrt sie die Zeichner nicht davor, Fehler anderer Abbildungen zu übernehmen. Ernst H. Gombrich: *Kunst und Illusion. Zur Psychologie der bildlichen Darstellung* [1959]. Köln: Phaidon 1967, S. 104–105.

7 Der Titel geht wie folgt weiter: *worinnen durch eine ganz=neue Erfindung Der Raupen Würmer Sommer=vögelein Motten Fliegen und anderer dergleichen Thierlein Ursprung Speisen und Veränderungen samt ihrer Zeit Ort und Eigenschaften Dan Naturkündigern Kunstmahlern und Gartenliebhabern zu Dienst fleissig untersucht kürtzlich beschrieben nach dem Leben abgemahlt ins Kupfer gestochen und selbst verlegt.*

einer Künstlerin, die durch die Verbindung verschiedener Dinge und Oberflächen, Lebendigkeit im Bild erzeugt. Diese Manier Merians ähnelt der Bildkonzeption im Genre Stillleben, auch wenn sich Merian selbst ausdrücklich auf die Landschaftsmalerei bezieht.[8] Das Stillleben zeichnet sich dadurch aus, dass Objekte der Natur im Bild isoliert und gleichzeitig zusammengefügt werden.[9] Wesentlich für die Frühe Neuzeit in Europa ist die Fokussierung auf die Materialität der Dinge und auf deren Oberfläche. Beides soll mimetisch auf der Leinwand nacherschaffen werden.[10] Idealerweise geht die Nachbildung so weit, dass die Gegenstände als Augentäuschung aus dem Bild hervortreten und so die Grenze zwischen Bild und Außenraum aufgehoben wird.[11] In der historisch-zeitgenössischen Kunsttheorie nimmt das Genre des Stilllebens aufgrund seiner rein mimetischen Qualitäten zwar eine untergeordnete Rolle ein, jedoch lassen sich in ihm und in den Blättern Merians wesentliche ästhetische Kategorien der Zeit finden. So ist eine zentrale Kategorie, die André Félibien hervorhebt, die Anordnung, *Ordonnance,* welche Zeichnung, Farbe und Ausdruck zusammen bewertet.[12] Félibien gehört 1663 zu den acht Gründungsmitgliedern der *Académie des Inscreptions et Belles-Lettres* und etabliert in Frankreich die Kunstkritik und Kunsthistoriographie.[13] Die *Ordonnance* bezieht sich auf die Anordnung der einzelnen Objekte auf der Malfläche. Sie wird von Félibien als „manière de disposer son sujet, et de bien mettre chaque chose en sa place“[14] beschrieben.

8 „Dierweil ich meine Blumen=mahlerey mit Raupen / Sommer=vögelein / und dergleichen Thierlein auszuzieren / mich jederzeit befliessen; dergleichen die Landschaftsmahler mit Bildern thun / eines durch das ander gleichsam lebendig zu machen.“ (Maria Sibylla Merian: Vorwort. In: Dies.: *Der Raupen wunderbare Verwandlung,* Bd. 1. Frankfurt am Main: Selbstverlag 1679, o. P.)

9 Bettina Gockel: *Einleitung.* In: Dies. (Hrsg.): *Vom Objekt zum Bild. Piktorale Prozesse in Kunst und Wissenschaft, 1600–2000,* Berlin: Akademie 2011, S. 11–19, hier S. 11.

10 Vgl. Norbert Schneider: *Der Zusammenhang von Stilllebenmalerei und Erkenntnistheorie in der Frühen Neuzeit.* In: Gockel (Hrsg.): *Vom Objekt zum Bild,* S. 21–41, hier S. 28.

11 Vgl. Norman Bryson: *Stilleben. Das Übersehene in der Malerei.* München: Fink 2003, S. 77.

12 Jutta Held: *Französische Kunsttheorie des 17. Jahrhunderts und der absolutistische Staat. Le Brun und die ersten acht Vorlesungen an der königlichen Akademie.* Berlin: Reimer 2001, S. 133.

13 Ebd., S. 210–211.

14 André Félibien: *Préface.* In: *Conférences de l'Académie royale de peinture et de sculpture pendant l'année 1667.* Paris: Leonard 1669, o. P. „Die Art und Weise, wie das Thema angelegt ist und wie jeder Gegenstand gut angeordnet ist.“ (Übersetzung S. F.)

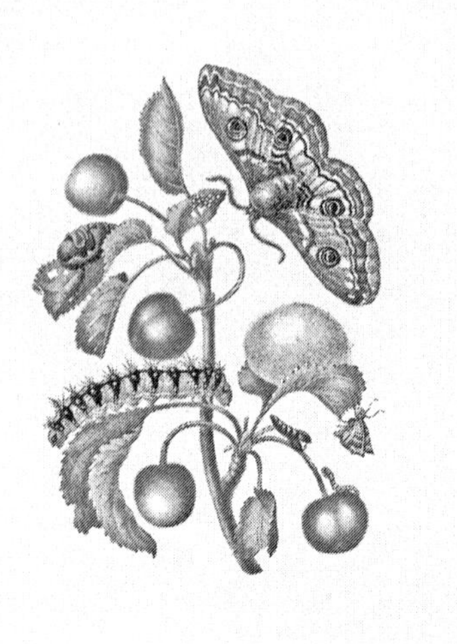

Abb. 2
Maria Sibylla Merian:
Süßkirsche, kleines Nachtpfauenauge und Johannisbeer-Breitwickler.
Aquarell- und Deckfarben auf Pergament, 258x193 cm,
vor 1679.
Vorlage für Tafel 23 des ersten Raupenbuchs.

Im Unterschied zu der vertikalen Anordnung von Raupe, Puppe und Schmetterling auf den Tafeln in Johannes Goedaerts dreibändiger Publikation *Metamorphosis naturalis*, die zwischen 1662 und 1669 erscheint, stellt Merian den Lebenszyklus sowie die nährenden Pflanzen zusammen auf einem Blatt dar (Abb. 2).[15] Im ersten Raupenbuch zeigt der Kupferstich mit dem Titel *Süßkirsche, Kleines Nachtpfauenauge und Johannisbeer-Breitwickler* im Mittelpunkt einen Zweig mit vier Süßkirschen. Für das Verständnis der Platzierung der unterschiedlichen Stadien und der Kirsche ist die zeitgenössische ästhetische Kategorie der *Ordonnance,* also die Positionierung der einzelnen Bildelemente in Relation zueinander, anwendbar. So ist in der Bildmitte ein Ast platziert, um ihn herum sind Kirschen und die unterschiedlichen Erscheinungen des Verwandlungskreislaufes ausgewogen angeordnet. Die aufgeschlagenen Flügel des Nachtpfauenauges bilden den visuellen Schwerpunkt der Szene, die Raupe, der Kokon und die prallen, glänzenden Früchte sein Gegengewicht. Korrespondenzen lassen sich in der haarigen Oberfläche der Raupe und in den gezackten Rändern der Blätter ausmachen. Die Symmetrie der Flügelmuster findet ihre Entsprechung in der aufwendig gezeichneten Oberfläche der

15 Aufgrund dieser Darstellungsweise wird Merian als erste ökologisch interessierte Forscherin beschrieben. Vgl. Natalie Zemon Davis: *Drei Frauenleben. Glikl, Marie de l'Incarnation, Maria Sibylla Merian.* Berlin: Wagenbach 1996.

Raupe und in dem kunstvoll nach unten gebogenen Blatt, auf dem die Raupe sitzt. Merian findet eine eigene Ästhetik für die Darstellung des Prozesses der Verwandlung von der Raupe zum Schmetterling. Durch die ausgewogene Bezogenheit von Oberflächen, Formen und Mustern wird deutlich, dass die verschiedenen Erscheinungen des Tieres sowie die es nährende Pflanze eine Einheit bilden. Merian betont in ihren Beschreibungen immer wieder die „unvergleichliche Schönheit" der Tiere, die sich in deren „sonderbaren Farben" wie auch in ihrer „ordentlichen Zeichnung" zeigt, der keine menschliche Kunst gleichzukommen vermag.[16] Damit spricht die Insektenforscherin dem Äußeren der Schmetterlinge und Raupen eine eigene Wirkmacht zu, die sie selbst zu künstlerischen Darstellungsweisen motiviert.

Laut Janice Neri fungieren Stillleben gleichermaßen als zweidimensionale Bilder und dreidimensionale Objektsammlungen.[17] Für Darstellungen der Metamorphose muss die Transformation dreidimensionaler Objekte in die Zweidimensionalität des Bildes reduziert werden. Wesentlich ist hier, dass im Bild ein zeitlicher Prozess, der Lebenszyklus eines Tieres, sichtbar wird. Auch wenn Merian die Möglichkeiten des Stilllebens nutzt, indem sie Stadien zusammenfügt, die ansonsten nicht gemeinsam anzutreffen sind, geht es wie auf den Tafeln von Perraults *Description anatomique* auch darum, im Bild zu verdeutlichen, dass es sich um ein und dasselbe Lebewesen handelt. Merian findet für die Darstellung der Metamorphose eine *Ordonnance,* deren Merkmal es ist, die unterschiedlichen Gestaltformen um die Wirtspflanze als Bildzentrum ausgewogen zu platzieren und dadurch deren Farben, Formen und Oberflächenstrukturen zu betonen.

Moses Harris: Praktiken der Beobachtung

Auch hundert Jahre nach Merians Publikation besteht ein naturhistorisches Interesse an der Darstellung der Metamorphose von der

16 Maria Sibylla Merian: Vorwort. In: Dies: *Raupenbuch II.* Frankfurt am Main: Selbstverlag 1683, o. P.

17 Janice Neri: *The Insect and the Image. Visualizing Nature in Early Modern Europe, 1500–1700.* Minneapolis: University of Minnesota Press 2011, S. 77. Thomas DaCosta Kaufmann: *The Mastery of Nature. Aspects of Art, Science, and Humanism in the Renaissance.* Princeton, NJ: Princeton University Press 1993, untersucht die Darstellungsweisen von Pflanzen, Blumen, Insekten und Reptilien als *trompe l'œil* in Illuminationen, Emblembüchern sowie Stundenbüchern.

Abb. 3
To Her Grace the Dutchess of Richmond.
In: Moses Harris: *The Aurelian or Natural History of English Insects.* London 1766, Pl. XX, S. 40.

Raupe zum Schmetterling. Die 45 kolorierten Drucke von Moses Harris, die 1766 unter dem Titel *The Aurelian: or Natural History of English Insects*[18] in London publiziert werden, greifen Merians Bildordnung auf und erweitern sie. Wie bei Merian finden sich in dem Band kolorierte Platten, auf denen Schmetterlinge, Motten, Larven und Raupen mit den sie nährenden Pflanzen sowie ein erläuternder Text abgebildet sind. Über die Anordnung Merians hinaus sind Instrumente zur Erforschung der Insekten auf den Tafeln zu sehen. Zum Beispiel gibt es Abbildungen von schmalen Schachteln, die der Aufbewahrung der gefangenen Exemplare dienen. Harris versteht sich selbst als „Painter, who has made his Part of Natural History in

18 Der Titel geht folgendermaßen weiter: *namely Moths and Butterflies. Together with Plants on which they feed. A faithful Account of theier respective changes. Their usual Haunts when in the winged State; and their standard names, as given and established by the worthy and ingenious Society of Aurelians, Drawn, engraved and coloured, from the natural subjects themselves. By Moses Harris, Secretary to the Aurelian Society.*

his Study and has bred most of the Flies and Insects for these twenty years“[19]. Im Vorwort erläutert Harris die Ausstattung, die nötig ist, um Insekten zu fangen und sie zu Hause zu konservieren.[20] Auf der Tafel XX, die der Duchess of Richmond gewidmet ist, sind im oberen Bildbereich fliegende Schmetterlinge und zwei Mottenarten zu sehen. Im mittleren Bereich sitzen mehrere Raupen auf den sie nährenden Blättern. Am Boden des Bildes ist eine Fläche platziert, auf der die zu erforschenden Insekten ausgebreitet liegen (Abb. 3). Ersichtlich wird hier, auf welche Weise und mit welchen Vorrichtungen die Insekten fixiert werden. Eine Motte ist mit einer Nadel am Untergrund befestigt. Einer weiteren Motte sind zwei Nadeln durch die Flügel gesteckt, die wiederum schmale Streifen stabilisieren, um die Flügel in ihrer ganzen Spannweite geöffnet zu halten. In Anlehnung an die Kupferstiche Merians stellt Harris vier Stadien der Metamorphose dar. Diese wird jedoch nicht über die strenge Form-, Farben- und Oberflächenbezogenheit der Bildelemente plausibel gemacht. Stattdessen werden die Schmetterlinge als Arbeitsobjekte ebenfalls auf die Tafeln gebracht. Die Darstellungen sind als Ergebnis eigener empirischer Beobachtung glaubwürdig, indem sie Praktiken der Fixierung als Vorform der Zeichnung vorführen.[21]

Beide Werke entstehen aufgrund unterschiedlicher Motivationen: für Merian sind die Repräsentationen der Natur und der Metamorphose immer Lobpreisungen der göttlichen Schöpfung,[22] während es Harris um seinen Ruf als Mitglied der *Aurelian Society* geht. Beide beweisen jedoch gleichermaßen anhand der Metamorphose ihre Kompetenz, eigene Beobachtungen strukturiert zu einem Ergebnis bringen zu können. Als Beispiel für den historisch-zeitgenössischen Stellenwert, den die eigene Beobachtung im Rahmen empirisch geleiteter Wissenserkenntnis einnimmt, lässt sich auf René Descartes' Abhandlung *Bericht über die Methode, die Vernunft richtig zu führen und die Wahrheit in den*

19 Moses Harris: Introduction. In: Ders.: *The Aurelian.* London: printed for the author 1766 [1773], S. I–XI, hier S. III.

20 Ebd., S. X.

21 In seinem späteren Werk *An Exposition of English Insects,* London 1783, ist der Einfluss Linnés deutlich zu erkennen. Nun interessieren Harris vor allem Merkmale, die der Reproduktion und der Klassifikation der Insekten dienen. Schmetterlinge werden nun ausschließlich mit ausgebreiteten Flügeln dargestellt.

22 Merians Insektenbeobachtung als Lobpreis der göttlichen Schöpfung hat Anne-Charlott Trepp: *Von der Glückseligkeit alles zu Wissen. Die Erforschung der Natur als religiöse Praxis in der Frühen Neuzeit.* Frankfurt am Main / New York: Campus 2010, dargelegt.

Wissenschaften zu erforschen, publiziert im Jahr 1637, zurückgreifen. Die Ordnung der Methode, die Descartes wie eine Stufenleiter beschreibt, orientiert sich an einem auf sich selbst gestellten Subjekt, dessen eigene Vernunft den Leitfaden für Erkenntnis bildet. Im Zusammenhang mit der Metamorphose ist von Interesse, dass ein wesentliches Vorgehen innerhalb der Ordnungsstufen, die Descartes' Methodologie auszeichnen, darin besteht, die Dinge und die Natur zu beobachten. So formuliert Descartes: „Hinsichtlich der Beobachtungen bemerkte ich sogar, dass sie umso notwendiger sind, je weiter man in der Erkenntnis fortgeschritten ist“[23]. Auch in den *Meditationen über die Grundlagen der Philosophie* aus dem Jahre 1641, in denen Descartes das Zweifeln als Gedankenexperiment vorstellt, spielt die Beobachtung eine wichtige Rolle, um urteilen zu können. Descartes beschreibt ein Stück schmelzendes Bienenwachs, um zu zeigen, wie wichtig es ist, „Dinge zu betrachten, die man gemeinhin am deutlichsten zu erkennen meint.“[24] Diese Textstelle in den *Meditationen* führt vor Augen, dass die eigene Betrachtung die Aufgabe hat, den Weg zur Erlangung von Wissen vorzuführen. Sie ist auch als Anleitung für das einzelne Individuum zu verstehen, durch die eigene Beobachtung von Dingen und Prozessen zu Erkenntnissen zu gelangen.

Mit der Darstellung verschiedener Stadien der tierlichen Metamorphose auf einem Blatt ist ein Bildmuster gefunden, das eigene Beobachtung anhand der Differenzen plausibel macht. Folgt man den Beschreibungen Descartes, so besteht der Nachweis der eigenen qualitätsvollen Beobachtung in einer minutiösen Darstellung auch kleinster Veränderungen.

Albert Sebas Objektivität der Fiktion

Ein Beispiel für eine detaillierte Gestaltwandlung ist die Tafel LXXVIII im ersten Band von Albert Sebas *Locupletissimi rerum naturalium thesauri accurata descriptio.* In 22 Ansichten wird hier eine Metamorphose vom Laich über die Kaulquappe zum Frosch und von dort zum Fisch plausibel gemacht (Abb. 4). Die Präsentation der einzelnen

23 René Descartes: *Discours de la Méthode pour bien conduiere sa raison et chercher la vérité dans les sciences / Bericht über die Methode, die Vernunft richtig zu führen und die Wahrheit in den Wissenschaften zu erforschen.* Frz. / Dt., hrsg. u. übers. v. Holger Ostwald. Stuttgart: Reclam 2001, S. 119.

24 René Descartes: *Meditationes de Prima Philosophia / Meditationen über die Erste Philosophie.* Lat. / Dt., hrsg. u. übers. v. Gerhart Schmidt. Stuttgart: Reclam 1986, S. 89.

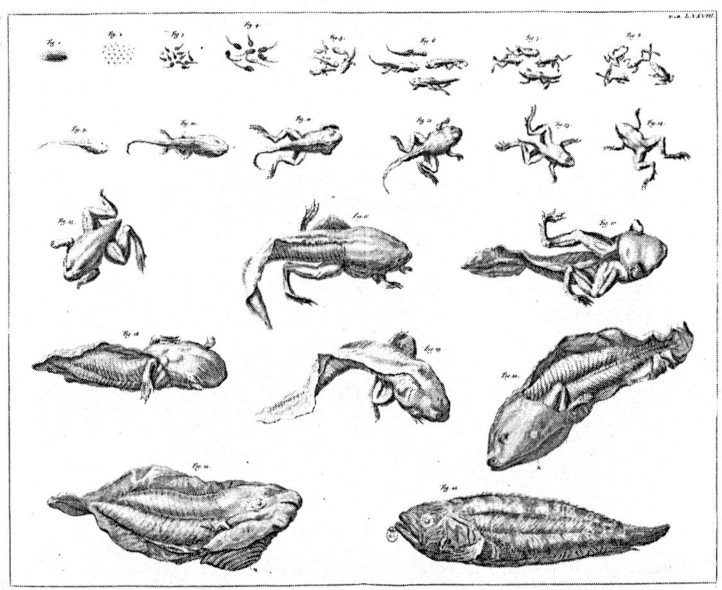

Abb. 4: Ohne Titel. In: Albert Seba: *Locupletissimi rerum naturalium thesauri accurata descriptio*, Bd. I. Amsterdam 1734/35, Pl. LXXVIII.

Stadien in Draufsicht oder im Profil auf weißem Grund will nicht mit dem Genre des Stilllebens in Verbindung gebracht werden. Stattdessen besticht die fiktive Metamorphose durch Details der Verwandlung, beispielsweise durch die Transformation der Hinterbeine des Frosches in die Kiemen des Fisches. Die vier Bände Sebas umfassen 446 Tafeln, davon 175 als Doppelseite und erscheinen in einem Zeitraum von 30 Jahren bis über Sebas Tod hinaus im Jansson-Waesberg Verlag in Amsterdam.[25] Begleitende Erläuterungen werden jeweils in lateinisch-französischer und lateinisch-niederländischer Fassung veröffentlicht.[26] Schwarz-weiß-Abbildungen sind der Standard, jedoch können sich die Käufer das Werk auf eigene Rechnung farblich fassen lassen; ein spezialisierter Kolorist ist J. Fortuÿn, der seine

25 Albert Seba: *Locupletissimi rerum naturalium thesauri,* 1734/35 / 1758 / 1765 (vollständige Ausgabe der kolorierten Tafeln unter dem Titel *Albertus Seba. Das Naturalienkabinett, nach dem Original aus der Koninklijke Bibliotheek.* Köln: Taschen 2001).

26 Irmgard Müsch: Albertus Sebas Naturaliensammlung und ihr Bildinventar. In: *Albertus Seba: Das Naturalienkabinett,* S. 7–24, hier S. 19.

Arbeiten signiert.[27] Obwohl die ersten 29 Tafeln des ersten Bandes des *Thesaurus* überwiegend den Pflanzen gewidmet sind, finden sich hier auch Schmetterlinge, Schlangen und Eidechsen sowie ein Gürteltier. Die Tafeln 30 bis 58 zeigen vorwiegend Säugetiere, sowie Vögel und Schlangen. Spinnen und Skorpione sind auf den Tafeln 69 und 70 dargestellt. Es folgen sieben Tafeln mit Fröschen und Kröten. Chamäleon, Echsen und Schlangen schließen sich an. Der erste Band endet mit einer siebenköpfigen Hydra und einem Elefantenembryo. Seba gibt an, dass sämtliche Abbildungen auf den Naturalien seiner Sammlung beruhen.[28] Das Ziel frühneuzeitlicher Kabinette ist es, eine Bestandsaufnahme der Naturobjekte zu machen und sie in eine Ordnung zu bringen – wie es Zedlers Universallexikon formuliert.[29] Die Naturalien in den Kammern dienen dann wiederum häufig als Modelle für Zeichnungen.[30] Sebas Werk geht dadurch über diese „Repräsentationsketten“[31] hinaus, dass Tafeln auch Bezüge untereinander haben: so werden Ameisenbären beim Auflecken von Ameisen

27 Müsch: Albertus Sebas Naturaliensammlung, S. 20.

28 In einem Brief, den Seba 1725 an einen potentiellen Käufer sandte, führte er den Umfang seiner Sammlung aus: Sie umfasst „allerhand auserlesene Stücke aus Ost- und Westindien“, darunter allein „700 Stück Gläser mit den raresten fremden Animalien besetzt“ und „vielerhand extra-rare Schlangen.“ Auch „alle besondere Sorten von schönem und raren Conchylien“, die „allerschönsten und completesten Papilionen“, „so aus allen 4 Theilen der Welt gecolligiert seyn.“ (Vgl. ebd., S. 7–9.)

29 „In solchen Gemächern muß eine gewisse Ordnung beobachtet werden, so dass in der ersten Klasse die lebendigen Geschöpffe, sowol vernünfftige als unvernünfftige zu finden […] Nach den lebendigen Geschöpffe folgen die leblosen, so durch Saamen wachsen […]; vierdtens See-Gewächse, zu welcher Classe auch einige die Schnecken und Muscheln bringen […] Endlich kommt man an das Ende des Naturaliengemachs, allwo die leblosen aus der Erden gegrabene Dinge versammlet werden, die man Mineralien nennet[…]“ (Johann Heinrich Zedler: *Universal-Lexicon aller Wissenschaften und Künste*. Halle / Leipzig: Zedler 1732–1750, Bd. 23, S. 1231 ff.).

30 Die Exponate Sebas kommen hauptsächlich aus den damaligen niederländischen Kolonien. An der Nordküste von Südamerika waren Essequibo seit 1623, Curacao seit 1634 und Surinam seit 1667 niederländisch. In Asien war Ceylon seit 1658 niederländisch, auf dem indischen Subkontinent und in der indonesischen Inselwelt gab es zahlreiche holländische Niederlassungen.

31 Dieser Begriff meint die Transformation einer Repräsentation in eine andere, hierbei kommt es zu Brüchen und Ähnlichkeiten, jedes Kettenglied muss sich allerdings auf ein vorheriges Glied beziehen. Ein Beispiel ist die Zeichnung von einem Sammlungsobjekt, die als Grafik reproduziert wird. Vgl. Jana August / Jochen Hennig: *Repräsentationsketten*. In: Angela Fischel (Hrsg.): *Grenzbilder. Bildwelten des Wissens* (Kunsthistorisches Jahrbuch für Bildkritik, Bd. 6,2). Berlin: Akademie 2008, S. 96–99.

gezeigt. Zusätzlich sind Ameisen als Objekte auf einer Tafel zu sehen.[32] Im Thesaurus finden also sowohl Darstellungen von spezifischen Verhaltensweisen einzelner Tiere Eingang, wie Überblickstafeln, die alle bekannten Muscheln und Schlangen darlegen, als auch Tafeln, die kuriose Objekte zeigen. Die fiktive Kette vom Frosch zum Fisch ist ein Brückenschlag zwischen einer Kuriosität und einem naturwissenschaftlich-ästhetischen Ansatz: dem Versprechen der Metamorphose in naturhistorischen Werken, Veränderungen in der Natur beobachten und visuell beschreiben zu können. Mit Sebas Tafel wird deutlich, dass eine visuell glaubwürdige Ästhetik des äußeren Wandlungsprozesses von Tieren in der Frühen Neuzeit unabhängig von biologisch-physiologischen Tatsachen existiert. Im Gegensatz dazu ist in den Tafeln von Merian und Harris das Verfahren auszumachen, die sich tatsächlich vollziehende Metamorphose von der Raupe zum Schmetterling mit Hilfe der zeitgenössischen kunsttheoretischen Kategorie der *Ordonnance* ins Bild zu bringen. Merian und Harris nehmen so Bezug zur arteigenen Ästhetik des Schmetterlings. Darüberhinaus sind für frühneuzeitliche Bildtafeln der Metamorphose sowohl die Ästhetik des Stilllebens als auch die der Sammlungspräsentation konstitutiv. Mimetische Details wie auf Sebas Bildtafel wirken zwar in ihrer Akribie überzeugend, die Dynamik des Wandlungsprozesses eines Tieres kann jedoch nur mit Hilfe ästhetischer Ordnungsmuster als empirisch genau beobachtet glaubhaft gemacht werden.

32 Müsch: Albertus Sebas Naturaliensammlung, S. 35.

Metamorphosen des Subjekts

Naturerkenntnis in und jenseits Maria Sibylla Merians (1647–1717) Surinam-Buch

André Krebber[1]

Der Blick auf Natur in Europa durchläuft im 16. und 17. Jahrhundert einen qualitativen Wandel und mit ihm ihre epistemische Erschließung. Diese Entwicklung ist als ‚Mechanisierung des Weltbilds' in die Geschichte eingegangen.[2] Stellt man sich, in groben Zügen gesprochen, im Mittelalter die Natur als lebendigen Organismus vor, wird sie mit dem neuzeitlichen Naturverständnis zur unbelebten und von außen bewegten Materie. Erkenntnistheoretisch gewendet, entzieht das innere Wesen der natürlichen Objekte sich im Mittelalter dem Erkennenden, das Verstehen ist auf die Interpretation angewiesen, mitunter passiv und den Sinneserlebnissen reflexiv nachgeordnet. Die Neuzeit hebt hingegen die aktiv konstruktive Leistung des erkennenden Subjekts sowie die Herstellung und Nachbildung von Natur hervor. Versteht man im Mittelalter Natur als zu lesendes Buch, betrachtet die Neuzeit Natur als mechanisches Artefakt, das zu zerlegen, umzubauen und wieder zusammenzusetzen sei. Erkenntnispraktisch manifestiert sich dies in einer zur Methode geronnenen Naturerkenntnis sowie dem Wandel vom scholastischen Lernen aus überliefertem Bücherwissen hin zur empirisch geprägten Naturbeobachtung, die die Naturobjekte zerlegt, geometrisch-mathematisch bestimmt und systematisiert.[3] Dieser Wandel schlägt sich auch in künstlerischen Blicken auf Natur nieder.

> Gerade in kunsttheoretischen Schriften der Renaissance […] artikuliert sich im Hinblick auf die Naturerkenntnis ein Wissenschaftsverständnis, das sich nicht länger auf traditionelle metaphysische oder spekulative Erklärungsansätze zu stützen sucht, sondern ein Begreifen der sichtbaren Naturschönheit […] wie eine theoretische Bestimmung der Prinzipien natürlicher Produktivität und Vitalität […] über erfahrungsorientierte Naturforschung bzw. die Untersuchung

1 Ich danke Martin Jäkel und Mieke Roscher für ihre hilfreichen Kommentare zu einer früheren Manuskriptversion.

2 Siehe zur Prägung des Begriffs Anneliese Maier: *Die Mechanisierung des Weltbilds im 17. Jahrhundert*. Leipzig: Meiner 1938.

3 Karen Gloy: *Das Verständnis der Natur*, Bd. 1. München: C. H. Beck 1995, S. 162ff.

> und Begründung naturimmanenter, mathematisch beschreibbarer Gesetzmäßigkeiten fordert.[4]

Zum Ideal, zumal nördlich der Alpen, wird die möglichst lebensechte Darstellung des Menschen und des Raumes, welche durch die mechanische, geometrische Bestimmung der Proportionen erreicht werden soll. Diese Tendenz setzt sich in der Zeit des Barocks, der Epoche Merians, fort.[5] Natur wird in der Neuzeit mit ihrer Erscheinung gleichgesetzt und Naturerkenntnis zur exakten Reproduktion ihrer Materialität.

Das Werk der Künstlerin und Naturforscherin Maria Sibylla Merian, das sich der Metamorphose von Raupen zu Faltern widmet, steht im Zeichen dieses Umbruchs. In der Werkstatt ihres Stiefvaters Jacob Marrel (1614–1681) erlernt sie die Malerei in der Tradition niederländischer Stillleben. Gleichzeitig beschäftigt Merian sich, im Geist der allgemeinen Entwicklung hin zur Naturbeobachtung als bedeutender Erkenntnisquelle,

> von Jugend an mit der Erforschung der Insekten [...]. Zunächst begann ich mit Seidenraupen in meiner Geburtsstadt Frankfurt am Main. Danach stellte ich fest, daß sich aus anderen Raupen viel schönere Tag- und Eulenfalter entwickelten als aus Seidenraupen. Das veranlaßte mich, alle Raupen zu sammeln, die ich finden konnte, um ihre Verwandlung zu beobachten.[6]

Dieses Interesse führt sie 1699 zu einer Forschungsreise bis nach Surinam. An ihrem hieraus hervorgegangenen Buch *Metamorphosis Insectorum Surinamensium* (im Folgenden *MIS*) zeigt sich nun allerdings besonders deutlich, dass Merians Naturzugang gleichzeitig eigenen Wegen folgt. Entgegen den zerlegenden Darstellungen exakter Entomologie versammelt das *MIS* sechzig aufwendig komponierte und detailgetreu ausgearbeitete Tafeln, in denen die verschiedenen Metamorphosestadien von Insekten auf ihren jeweiligen Futterpflanzen gruppiert dargestellt werden (vgl. Abb. 1). Den Bildern stehen Texte

4 Anne Eusterschulte: Nachahmung der Natur: Zum Verhältnis ästhetischer und wissenschaftlicher Naturwahrnehmung in der Renaissance. In: Olaf Breidbach (Hrsg.): *Natur der Ästhetik – Ästhetik der Natur.* Wien / New York: Springer 1997, S. 19–53, hier S. 26.

5 Vgl. Werner Broer et al. (Hrsg.): *Kammerlohr – Epochen der Kunst 3. Von der Frührenaissance zum Rokoko.* München / Wien: Oldenbourg 1996; Manfred Wundram: *Kunst-Epochen: Renaissance.* Stuttgart: Reclam 2004.

6 Maria Sibylla Merian: *Das Insektenbuch – Metamorphosis Insectorum Surinamensium* [1705], aus dem Niederl. v. Gerhard Worgt, Nachdruck mit Begleittext von Helmut Deckert. 4. Aufl. Frankfurt am Main / Leipzig: Insel 1998, S. 7.

zur Seite, die Merians Forschungen kulturell und wissenschaftlich einordnen. Mit diesem Werk knüpft sie an ihr *Raupenbuch* an, dessen zwei Teile 1679 und 1683 erschienen waren und Ergebnisse ihrer Forschungen in Deutschland und Holland präsentierten. Die thematische Vielschichtigkeit und ästhetische Qualität ihrer Arbeiten haben dazu geführt, dass ihr Werk vorwiegend als dekoratives rezipiert und ihm eine wissenschaftliche Erkenntniskomponente abgesprochen wird.[7] Erst im Zuge heutiger Wissenschaftskritik rücken seine Eigenheiten es wieder in den Blick der Naturwissenschaft.[8] Obgleich Merians Werk viel Aufmerksamkeit erhalten hat, steht eine dezidierte Analyse des Naturerkenntniswerts aufgrund seiner allgemeinen wissenschaftlichen Disqualifizierung allerdings noch aus.[9] Es gilt also zunächst, Merians spezifischen Naturzugang mit Blick auf die Vermittlung der Erkenntnisobjekte herauszuarbeiten.

Im Zentrum der Tafel VI (Abb. 1), die hier exemplarisch zur Erörterung des erkenntnispraktischen Gehalts von Merians Werk betrachtet wird, befindet sich der Zweig einer Distel.[10] „Sie trägt gelbe und rote Beeren" und „hat eine weiße Blüte mit gelben Fädchen in der Mitte". Der Zweig dient Merian als Bezugspunkt für die anderen Objekte ihrer Komposition. Die an seinem oberen Ende sitzende rote Raupe „frisst die Blätter dieser Distel." Unterhalb von ihr hängt ein „holzfarbenes Gespinst" und rechts über ihr fliegt ein bunter Falter. „Die Distel ist die Nahrung" der in den unteren Bereich des Zweiges

7 Lansdown Guilding: Observations on the Work of Maria Sibylla Merian on the Insects, etc., of Surinam, St. Vincent. In: *Magazin of Natural History* 7 (1834), S. 355–375; William T. Stearn: Pflanzen, Insekten und andere Tiere in der *Metamorphosis Insectorum Surinamensium* der Merian. In: Elisabeth Rücker / William T. Stearn (Hrsg.): *Maria Sibylla Merian in Surinam. Kommentar zur Faksimileausgabe der Metamorphosis Insectorum Surinamsium (Amsterdam 1705) nach den Aquarellen in der Royal Library, Windsor Castle.* London: Pion 1982, S. 76–83; vgl. dementgegen zur Genauigkeit von Merians Beobachtungen Katharina Schmidt-Loske: *Die Tierwelt der Maria Sibylla Merian (1647–1717). Arten, Beschreibungen und Illustrationen.* Marburg: Basilisken-Presse 2007.

8 Kurt Wettengl: Einführung. In: Ders. (Hrsg.): *Maria Sibylla Merian: 1647–1717. Künstlerin und Naturforscherin.* Ausstellungskatalog. Ostfildern: Hatje-Cantz 1997, S. 6–11, hier S. 8.

9 Erste Ansätze hierzu lassen sich bei Viktoria Schmidt-Linsenhoff: Metamorphosen des Blicks. „Merian" als Diskursfigur des Feminismus. In: Wettengl (Hrsg.): *M. S. Merian*, S. 202–219, sowie Schmidt-Loske: *Die Tierwelt der M. S. Merian*, finden.

10 Soweit nicht anders vermerkt sind die folgenden Zitate dem Text zur Tafel VI des *MIS* entnommen, Merian: *MIS*, S. 20.

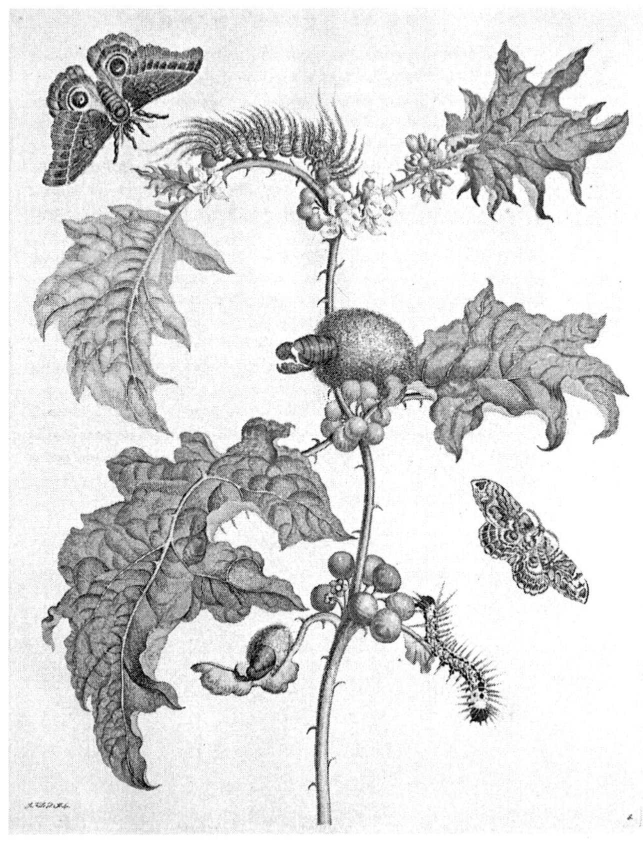

Abb. 1: Maria Sibylla Merian: *Die VI. Abbildung*, kolorierter Kupferdruck. In: Dies.: *Metamorphosis Insectorum Surinamensium*, Amsterdam: Eigenverlag, Druck Gerard Valck 1705, o. P.

gesetzten Raupe, auf einem Blatt rechts vom Zweig liegt eine Puppe und links über der Raupe schwebt ein weiterer Falter.

Merian ist damit weder Pionierin in der künstlerischen noch in der wissenschaftlichen Darstellung von Insekten. Werke wie das *Theatrum insectorum* (1634) von Thomas Mouffet (1553–1604) oder die *Historia generalis insectorum* (1669) von Jan Swammerdam (1637–1680) zeugen von Bemühungen zur Beforschung von Insekten vor Merians Zeit. Auch in der Stilllebenmalerei sind Insektenstücke schon zuvor populär. Betrachtetes wird in ihnen detailliert wiedergegeben und nach künstlerischem Ermessen zusammengestellt, wobei die Insekten die Kompositionen beleben sollen, da Betrachter/innen mit ihnen

Bewegung assoziieren.[11] Gleichwohl sind Insektendarstellungen in der spezifischen Art des Metamorphosenbildes zeitlich vor Merian nicht nachzuweisen.[12] In ihren Abbildungen greift sie zunächst auf Aspekte der Blumenmalerei des 17. Jahrhunderts zurück.[13] Dies zeigt sich etwa an der deutlich reduzierten Bildräumlichkeit und der Einnahme der zentralen Stelle der Kompositionen durch die Pflanzen. Allerdings kehrt Merian die Verteilung zwischen Hauptmotiv und Beiwerk um. Die Pflanzen werden im Vergleich zu den Insekten in einem verkleinerten Maßstab dargestellt und die Tiere so arrangiert, dass die Details ihrer Körper deutlich erkennbar sind. So treten die Pflanzen in ihrer Bedeutung hinter die dargestellten Insekten zurück und dienen letzteren in der Komposition nun als Stütze. Die Tiere werden auf den Pflanzen dargeboten und von ihnen gleichsam getragen.[14] Hierin drückt sich Merians spezifisches Erkenntnisinteresse aus. Sie betrachtet nicht mehr eine statische Natur, wie dies bisher in Stillleben der Fall war, sondern beobachtet Naturprozesse und versucht also, Veränderungen darzustellen. Dies wird deutlich an der Darstellung verschiedener Metamorphosestadien eines Insekts und der Herstellung eines Bezugs zwischen Insekt und Pflanze, der etwa in Tafel V durch Bissspuren in den Blättern der Pflanzen hervorgehoben wird.[15]

Der Versuch, dynamische Prozesse in das statische Medium der Malerei zu überführen, stößt jedoch an Grenzen. Etwa konnte der zeitliche Ablauf der Veränderungen nur über rhetorische Mittel beschrieben werden, die Merian in den Ausdrucksformen der Naturforschung fand. Ihr Text zur Tafel VI gliedert sich in fünf Abschnitte.

11 Vgl. Heidrun Ludwig: Von der Betrachtung zur Beobachtung. Die künstlerische Entwicklung der Blumen- und Insektenmalerin Maria Sibylla Merian in Nürnberg (1670–1682). In: John R. Paas (Hrsg.): *Der Franken Rom. Nürnbergs Blütezeit in der zweiten Hälfte des 17. Jahrhunderts.* Wiesbaden: Harrassowitz 1995, S. 95–113, hier S. 104; Kurt Wettengl: Maria Sibylla Merian. Künstlerin und Naturforscherin zwischen Frankfurt und Surinam. In: Ders. (Hrsg.): *M. S. Merian*, S. 12–36, hier S. 22.

12 Heidrun Ludwig: Das „Raupenbuch". Eine populäre Naturgeschichte. In: Wettengl (Hrsg.): *M. S. Merian*, S. 52–67, hier S. 58.

13 Vgl. Ludwig: Von der Betrachtung zur Beobachtung, S. 99; Sam Segal: Maria Sibylla Merian als Blumenmalerin. In: Wettengl (Hrsg.): *M. S. Merian*, S. 68–87, hier S. 74.

14 Ebd., siehe auch Schmidt-Linsenhoff: Metamorphosen des Blicks; Segal: M. S. Merian als Blumenmalerin, S. 76ff.

15 Merian: *MIS*, S. 19; vgl. auch Ludwig: Von der Betrachtung zur Beobachtung, S. 104ff.

Im ersten gibt Merian an, dass die Distel „in Amerika Maccai genannt wird", „vier Ellen hoch" wächst und einen so großen und festen Stamm hat, „dass er mit einem Beil abgehauen werden muss." Außerdem werden ihre Beeren „von Menschen und Vögeln gegessen." Die zwei Folgeabschnitte beschreiben die zwei Falterarten und ihre Metamorphosen. Die oben sitzende Raupe etwa hat sich am „4. August 1700 […] in eine Puppe verwandelt, nachdem sie sich nach Art aller Raupen gehäutet hat. Sie hängte sich in ein holzfarbenes Gespinst, und daraus ist am 30. August ein schöner Eulenfalter geschlüpft." Absatz vier beschreibt die Veränderung der Erscheinung der Tiere durch das Vergrößerungsglas: „So schön sie sind, wenn man sie ohne Vergrößerungsglas anschaut, so sonderbar struppig und hässlich sind sie, wenn man sie mit dessen Hilfe betrachtet." Plötzlich haben sie „Haare wie Gerstenähren." Der Botaniker Caspar Commelin (1667?–1731) klassifiziert und benennt im letzten Abschnitt die dargestellte Pflanze botanisch.

In der klaren Gliederung von Tafel und Text sowie der Art und Weise, wie die Objekte dargestellt und beschrieben werden, als auch an der Informationsfülle und nicht zuletzt in der Einordnung der beobachteten Objekte in die wissenschaftlichen Debatten der Zeit manifestiert sich das Interesse, zur forschenden Erschließung von Natur beizutragen, sowie ein gewisser Wissensanspruch, die den Bereich reiner künstlerischer Kontemplation und dekorativer Objekte verlassen. In den Bildern steht nicht mehr allein die formale Komposition im Vordergrund – wie bei künstlerischen Insektenbildern –, sondern es treten die klare Erkennbarkeit der dargestellten Spezimina und die Vermittlung von Erkenntnis als weitere Gestaltungsfaktoren an die Seite der ästhetischen. Merians Kompositionen wollen Wissen vermitteln und zur naturkundlichen Anschauung dienen, mitunter Naturerkenntnis sein. Gleichzeitig jedoch unterscheiden sich Form und Inhalt deutlich von Darstellungen anderer Entomologen ihrer Zeit, etwa dem Werk Swammerdams. Anstatt wie dieser bei der Zerlegung und Reduktion der Tiere auf ihre Bauteile zur Systematisierung zu verbleiben, re-integriert Merian ihre Beobachtungen und ihr Wissen zu einer kontextualisierten Repräsentation, die Lebenszyklus und Reproduktionsbedingungen der Erkenntnisobjekte ins Zentrum der Betrachtung stellt. So teilt sie einem Bewunderer ihrer Arbeit mit, ihr „doch keine thierlein mehr beliebe zu senden, da ich sie nicht gebrauchen kan."[16] Was sie nämlich suche, „ ist ganß einer andere sach, ich sugte keine andere gethierte, als nur die generatiy und fortpflanzung und veränderung der gethierte, wie eines auß dem anderen fort kombt, und was die eigenschafft ihrer Speise ist, wie der Herr in meinem Buch sehen kann."[17] Indem sie die Bedürfnisse der Insekten zum Darstellungsschema macht, geht sie allerdings zumindest prinzipiell über eine rein anthropozentrische Betrachtung der Erkenntnisobjekte hinaus. Diese Tendenz setzt sich fort in der ästhetischen Aufarbeitung ihrer Ergebnisse. Der Aufwand, den Merian mit ihrer Reise nach Surinam betreibt, um ihre Erkenntnisobjekte in deren Lebensumfeld beobachten zu können, verbürgt dabei die herausragende Bedeutung, die sie der ästhetischen Erfahrung für ihre Erkenntnisproduktion beimisst. Durch ihre Anstrengung, ästhetisch hochwertige und ansprechende Repräsentationen herzustellen, wird diese Erfahrung auch an die Betrachter ihrer Bücher weitergegeben. So experimentiert Merian etwa mit der Herstellung von Farben, um eine möglichst lebendige Darstellung zu erzielen, und für die Herstellung der Blätter für kolorierte Exemplare des *MIS* greift sie auf das aufwendige Umdruckverfahren zurück. Ihr Rückgriff auf eine ästhetische Vermittlung ihres Wissens beschränkt sich dabei nicht nur auf die bildliche Darstellung. Wenn sie beschreibt, wie die gelb-schwarzen Raupen der Tafel VI „in Haufen beieinander[liegen], wobei immer der Kopf der einen den Schwanz der anderen festhält", und „wie Quecksilber wieder zusammen[laufen]", wenn man sie auseinanderbringt, regt sie die Vorstellungskraft des Lesers über die visuelle Repräsentation hinaus an. Durch andere Vergleiche werden zusätzliche Sinne affiziert, etwa wenn sie erläutert, dass das Fleisch der Wassermelone „im Mund schmilzt [...] wie Zucker"[18], oder die Ananas schmecke, „als ob man Trauben, Aprikosen, Johannisbeeren, Äpfel und Birnen miteinander vermengt hätte, die man alle gleichzeitig darin schmeckt."[19] Gerade das Vergrößerungsglas verwendet Merian auch in diesem Sinne. So haben die Eulenfalter von Tafel VI „durch das Vergrößerungsglas betrachtet [...] Haar wie ungarische Bären",

16 Maria Sibylla Merian: Briefe. In: Wettengl (Hrsg.): *M. S. Merian*, S. 262–269, hier S. 268.

17 Ebd.

18 Merian: *MIS*, S. 38.

19 Ebd., S. 10.

während der blaue Tagfalter auf Tafel IX „wie blaue Ziegel aus[sieht], die die gleiche Form wie Dachziegel haben, die sehr ordentlich und regelmäßig liegen."[20] Merian intensiviert so den visuellen Genuss des erkennenden Subjekts an ihren Darstellungen zusätzlich und stellt eine sinnliche Verbindung mit den Erkenntnisobjekten her, anstatt die Betrachter/innen emotional von ihnen zu distanzieren oder gar zu trennen.[21]

Nicht zuletzt verortet Merian sich selbst als interpretierendes Subjekt in ihren Arbeiten. Einerseits macht sie dabei den Prozess der Wissensproduktion für den Betrachter ihrer Arbeit nachvollziehbar:

> Die Indianer brachten mir eines Tages eine große Menge dieser Laternenträger (ehe ich wusste, dass sie nachts so einen Glanz von sich geben), und ich tat sie in einen großen Holzkasten. Nachts machten sie solch einen Lärm, dass wir voller Schrecken erwachten und aus dem Bett sprangen. Wir entzündeten eine Kerze, da wir nicht wussten, was im Haus für ein Lärm war. Bald wurden wir gewahr, dass es in dem Kasten war, den wir mit Erstaunen öffneten, aber mit noch größerem Erstaunen zu Boden warfen, da beim Öffnen des Kastens eine Feuerflamme herauskam. Es kam so manches Tier und damit so manche Feuerflamme heraus. Doch wir beruhigten uns, sammelten die Tiere wieder ein und waren sehr verwundert über ihren Glanz.[22]

Gleichzeitig spricht in solchen Worten nicht eine distanzierte Wissenschaftlerin, die versucht eine emotionslose Unabhängigkeit zu bewahren, sondern eine begeisterte Beobachterin, die sich von ihrem Erkenntnisprozess und ihren Erkenntnisobjekten inspirieren lässt und diese Erfahrung und Anteilnahme als Teil ihres Wissens vermittelt.

Merians Repräsentationen heben so die Individualität der Insekten hervor, die auf die Grenzen der begrifflichen Bestimmung und Systematisierung von Natur verweist. Gleichzeitig stellt sie rationalisierende Erkenntnis nicht per se in Abrede, sondern produziert nützliches Wissen entlang der Lebens- und Reproduktionsbedingungen der Tiere, ohne jedoch den Eindruck zu erwecken, die Erkenntnisobjekte gingen in Merians Wissen von ihnen auf. Anstatt einer festgeschriebenen, normativen Methodik zu folgen und die Objekte in sie ein- und anzupassen, nähert Merian sich den Insekten über einen ästhetisch geleiteten Erkenntnisprozess, der von Individuen

20 Ebd., S. 26.

21 Vgl. auch Schmidt-Linsenhoff: Metamorphosen des Blicks, S. 215ff.

22 Merian: *MIS*, S. 106.

ausgeht und qualitative Eigenschaften berücksichtigt. Zudem befördert die ästhetische Vermittlung Anteilnahme und Begeisterung an den Tieren, anstelle von Aneignung und Zurichtung der Erkenntnisobjekte durch das erkennende Subjekt. Letztendlich äußert sich hierin ein Subjekt-Objekt-Verhältnis, das nicht die Beherrschung und Zurichtung des Objekts nahelegt, sondern Wissensproduktion auf Einfühlung in und Anteilnahme an den Erkenntnisobjekten gründet. Merians Naturzugang begegnet ihren Objekten damit nicht nur deutlich rücksichtsvoller, sondern sie produziert ein umfassenderes Verständnis von den Tieren und überschreitet die rein anthropozentrische Zweckgebundenheit exakter Naturerkenntnis.

Eingedenk der Natur im Subjekt

Im Wandel des europäischen Blicks auf Natur des 16. und 17. Jahrhunderts manifestiert sich laut Max Horkheimer und Theodor Adorno der Versuch des Subjekts der Aufklärung, sich als autonom gegen das Objekt zu setzen, um es zu beherrschen. Die (vermeintliche) Autonomie des Subjekts beruht dabei auf der Entindividualisierung des Objekts (der Natur) zum Ding und der Hypostasierung seiner restlosen Erkennbarkeit. So stellen Horkheimer und Adorno fest: ein „Atom wird nicht in Stellvertretung sondern als Spezimen der Materie zertrümmert, und das Kaninchen geht nicht in Stellvertretung sondern verkannt als bloßes Exemplar durch die Passion des Laboratoriums."[23] Die verdinglichende Zurichtung des Objekts der Erkenntnis zielt dabei auf die Aufhebung der Differenz zwischen Idee und Objekt, dem Nichtidentischen in Adornos Terminologie, da dieses als Unbekanntes potentiell bedrohlich ist. Effektiv läuft dies auf den Versuch der Auslöschung seiner Individualität hinaus, der sich materiell in der (technischen) Zurichtung von Natur manifestiert. Der Schlüssel für die Zurichtung ist das erkennende Denken:

> Die Menschen distanzieren denkend sich von Natur, um sie so vor sich hinzustellen, wie sie zu beherrschen ist. Gleich dem Ding, dem materiellen Werkzeug, das in verschiedenen Situationen als dasselbe festgehalten wird und so die Welt als das Chaotische, Vielseitige, Disparate vom Bekannten, Einen, Identischen scheidet, ist der Begriff das ideelle Werkzeug, das in die Stelle an allen Dingen paßt, wo man sie packen kann. Denken wird denn auch illusionär, wann immer

23 Max Horkheimer / Theodor W. Adorno: *Dialektik der Aufklärung*. Frankfurt am Main: Fischer 2003, S. 16.

> es die trennende Funktion, Distanzierung und Vergegenständlichung, verleugnen will.[24]

Die Verschleierung der Verdinglichung geschieht nicht zuletzt durch den epistemologisch-methodischen Zugriff der exakten Wissenschaften auf Natur. Wenngleich die *identifizierende* Erkenntnis nun aber die Herrschaft über Natur zeitigt (obgleich mittlerweile brüchig werdend), bleibt die Überwindung der herrschaftlichen Einrichtung gesellschaftlicher Verhältnisse eben auf die begrifflich-identifizierende Erkenntnis angewiesen, denn der Begriff

> distanziert nicht bloß, als Wissenschaft, die Menschen von der Natur, sondern als Selbstbesinnung eben des Denkens, das in der Form der Wissenschaft an die blinde ökonomische Tendenz gefesselt bleibt, läßt er die das Unrecht verewigende Distanz ermessen. Durch solches Eingedenken der Natur im Subjekt, in dessen Vollzug die erkannte Wahrheit aller Kultur beschlossen liegt, ist Aufklärung der Herrschaft überhaupt entgegengesetzt und der Ruf, der Aufklärung Einhalt zu tun, ertönte auch zu Vaninis Zeiten weniger aus Angst vor der exakten Wissenschaft als aus Haß gegen den zuchtlosen Gedanken, der aus dem Banne der Natur heraustritt, indem er als deren eigenes Erzittern vor ihr selbst sich bekennt.[25]

Erkenntnis als Selbstbesinnung wird hier, entsprechend Adornos späterer Feststellung „Kritik an der Gesellschaft ist Erkenntniskritik und umgekehrt“[26], als Sprengkraft für das auf Beherrschung ausgerichtete Verhältnis westlicher Gesellschaften zur Natur bestimmt, um es durch eine Versöhnung mit Natur in eine „Solidarität des Lebens überhaupt“[27] zu überführen.

Merians Metamorphosenbilder tragen zu eben solch einer Selbstbesinnung des Denkens und Metamorphose des betrachtenden Subjekts bei. Sie folgen dem emanzipierenden Impuls der Aufklärung, sich von den Mythen abzuwenden, ohne aber den Schritt zur restlosen Identifizierung von Idee und Objekt zu vollziehen. Gemäß der Anforderung an die Darstellung der Metamorphose und also von Prozessen, stellen sie einen Zugang zu Natur dar, der nicht auf die definitive Bestimmung und den Abschluss der Erkenntnisprozesse angelegt ist,

24 Ebd., S. 46.

25 Ebd., S. 47.

26 Theodor W. Adorno: Zu Subjekt und Objekt. In: Ders.: *Gesammelte Schriften*, Bd. 10.2, hrsg. v. Rolf Tiedemann. Frankfurt am Main: Suhrkamp 1977, S. 741–758, hier S. 748.

27 Max Horkheimer: Materialismus und Moral. In: Ders.: *Gesammelte Schriften*, Bd. 3, hrsg. v. Alfred Schmidt. Frankfurt am Main: Fischer 1988, S. 111–149, hier S. 136.

sondern Erkenntnis in Bewegung und offen hält. Indem sie Metamorphoseprozesse darstellen, die vom Betrachter nachzuvollziehen sind, entziehen Merians Repräsentationen sich einer abschließenden Systematisierung oder Definition der Insekten; ihre Darstellung verbleibt wie deren Metamorphose in Bewegung. Das *MIS* stellt so ein Erkenntnismodell bereit, dass das Nichtidentische mitrepräsentiert und -reflektiert, anstatt es auszulöschen. Merians Naturerkenntnis erzittert nicht vor dem Individuellen, Unberechenbaren der Natur und sucht es zu bannen, sondern reflektiert und integriert die Individualität der Insekten als Teil ihrer Erkenntnis, während sie die Furcht in Begeisterung für die Individualität und Besonderheit der Objekte überführt. Durch die Vermittlung des Nichtidentischen deckt ihr Werk dabei einerseits die Illusion verdinglichenden, identifizierenden Denkens von restloser Erkennbarkeit auf, andererseits erlaubt es die Erfahrung des Nichtidentischen. Dass diese Qualität gerade in einem Werk hervorbricht, das sich tierlicher Natur widmet, verweist auf die besondere epistemische Qualität des Tiers, dessen Individualität sich dem erkennenden Subjekt auf besonders nachdrückliche Weise offenbart. Anstatt Merians Form der Naturerkenntnis als naiv, unfruchtbar oder minderwertig zu verwerfen, wäre also von ihr ausgehend darüber nachzudenken, wie eine ästhetisch geleitete Naturerkenntnis sich ihren Objekten, und hier allen voran Tieren, nähern könnte. Damit ist freilich keine völlige Aufgabe quantitativer, naturwissenschaftlicher Betrachtung der Natur gemeint, sondern vielmehr eine Naturerkenntnis, die durch kritischen Rückgriff auf die Einzelwissenschaften im Verständnis der Welt über diese hinausführt.

Überwindung der Speziesgrenzen durch Affekte und Entanglements

Tiermetamorphosen im Frühmittelalter unter besonderer Berücksichtigung hagiographischer Texte

Anton Weise

In erzählenden Texten des Frühmittelalters, insbesondere in den Viten Heiliger sowie in weiteren hagiographischen Schriften haben Tiere vielfältige Funktionen. Dabei sind sie einerseits in größerem Maße als heute Bestandteil der alltäglichen Lebenswelt, da die Menschen überwiegend in agrarischen Kontexten lebten und Tiere wie Bären noch in der Umwelt anzutreffen waren. Andererseits sind sie aber auch häufig in symbolhaft-metaphorischer Form oder als reale Tiere mit religiös-mythischen Zuschreibungen anzutreffen. Es ist also, wenn Tiere in Texten anzutreffen sind, immer zu fragen, ob es sich um alltägliche Tiere oder um Darstellungen mit bestimmten kulturellen Funktionen handelt. Vielfach scheinen naturreligiöse Vorstellungen durch.[1] Diese Tierdarstellungen sind häufig mit Metamorphosen verbunden.

Der folgende Beitrag untersucht zum einen, wie sich das Wesen von Tieren charakterlich verändert. Zum anderen soll die Verwandlung *in* Tiere betrachtet werden. So verwandeln sich etwa transzendente Mächte, d. h. Gott und der Teufel bzw. „Gut" und „Böse", ebenso wie Menschen in Tiere.

Wesensmetamorphosen

Die Schlange als Wächterin

Die *Dialoge Gregors des Großen* enthalten eine Vielzahl von Wundern, die Heilige durch Gott bewirken und bei denen Tiere eine Funktion haben.[2] Gregor erzählt, ein Dieb sei mehrfach in einen Klostergarten eingedrungen, um Kohlköpfe zu stehlen.[3] Der heilige Gärtner

1 Wird auf diese Vorstellungen Bezug genommen, ist allerdings auf Grund der schlechten Quellenlage in Hinblick auf die tradierten Kulte nicht antik-mediterraner Provenienz, die häufig wie ungenau als germanisch bezeichnet werden, große Vorsicht geboten.

2 Vgl. Gregor: Dialoge. In: *Gregorii Magni Dialogi. Libri IV*, hrsg. v. Umberto Moricca. Rom: Tipografia del Senato 1924.

3 Gregor: Dialoge, Buch 1, Kap. 3.

des Klosters habe sich des Problems angenommen, indem er eine Schlange, welche ihm im Garten begegnete, mit dem Schutz des Gartens beauftragt habe[4]. Die Schlange habe diesen Auftrag befolgt. Als der Dieb ein weiteres Mal versucht habe, über einen Zaun in den Klostergarten zu klettern, habe ihn die Schlange so erschrocken, dass er bei deren Anblick hintenüber gefallen sei. Dann hätte er so lange mit einem Fuß am Zaun gehangen, bis der Klostergärtner schließlich gekommen sei. Schließlich habe der Heilige sich bei der Schlange bedankt und sie von ihrer Aufgabe befreit.
Betrachtet man die Grundkonstellation dieser Episode, so sind mit dem Garten, dem Diebstahl von Früchten und der anwesenden Schlange starke Anklänge an den Sündenfall des Alten Testaments gegeben. Gerade dieser Handlungsrahmen lässt es nicht sinnvoll erscheinen, die Schlange hier schlicht als Tier, also in einer neutralen Position zu sehen. Somit muss die Schlange auch hier, wie häufig in der Hagiographie, als negatives Symbol verstanden werden.[5] Die Schlange tritt dem Heiligen durch dessen Befehl nicht mehr in Opposition oder als Feind gegenüber, sondern macht eine Wandlung durch und agiert fortan als sein Werkzeug. Der heilige Gärtner verwandelt also den Charakter der Schlange grundlegend. Ihre Funktion ist, dass sie zunächst etwas – wie auch immer beschaffenes – Böses symbolisiert und sich später wandelt, wodurch die Macht Gottes ersichtlich wird.[6]

Maximinus

Noch deutlicher wird der Wandel des Wesens eines Tieres in der Vita des Heiligen Maximinus. Ein Bär ist hier vielmehr tatsächliches Tier und weniger Symbol im Gegensatz zur oben dargestellten Schlange in Gregors Dialogen. Der Vitenschreiber erzählt, Maximinus sei mit dem Heiligen Martin auf dem Weg nach Rom gewesen und habe dabei eine Rast gemacht. Dabei sei Folgendes geschehen: Martin sei

4 „[…] imperavit serpenti dicens: ‚in nomine Ihesu praecipio tibi ut aditum istum custodias, ac furem huc ingredi non permittas'" (Gregor: Dialoge, Buch 1, Kap. 3).

5 Ihre genauere Bedeutung soll hier nicht untersucht werden. Die Wirkungsmacht der Tiersymbolik liegt häufig gerade in ihrer Mehrdeutigkeit, die für den Rezipienten die Möglichkeit zur Assoziation und zum Synkretismus bietet.

6 Das schließt auch aus, dass die Schlange hier von Beginn an positiv zu sehen ist. Zur positiven Schlangensymbolik vgl. Heinrich Schmidt / Margarethe Schmidt: *Die vergessene Bildersprache christlicher Kunst. Ein Führer zum Verständnis der Tier-, Engel- und Mariensymbolik.* 3. Aufl. München: C.H. Beck 1984, S. 63ff.

auf Nahrungssuche gegangen und habe sich dabei von der Reisegruppe entfernt, sodass Maximinus allein als Wache zurückgeblieben sei. Maximinus sei eingeschlafen, worauf ein Bär gekommen sei, der das Lasttier, einen Esel der beiden Heiligen, gefressen habe. Nach der Rückkehr Martins und nachdem das Geschehene auch Maximinus klargeworden sei, habe dieser dem Bären befohlen, das Lasttier zu ersetzen. Der Bär habe keinen Widerstand geleistet. Stattdessen habe er den Heiligen ihr Gepäck nach Rom und wieder zurück zum Ausgangspunkt des Wunders getragen. Der Bär wird dabei als gefügiger Befehlsempfänger dargestellt und wird schließlich – mit Verhaltensregeln versehen – in die Freiheit entlassen.[7]

Deutlicher kann eine grundlegende Wesensveränderung kaum gestaltet werden. Durch den Befehl des Heiligen wird das wilde Tier, welches den Esel der Heiligen frisst, zum zahmen Lasttier. Der Bär ändert folglich sein Wesen. Dem Zweck der Viten folgend erweist der Heilige die Macht Gottes am Bären. Letzterer ist hier sowohl als realer Bär als auch als Symbol für den ungläubigen, nicht zivilisierten Menschen zu verstehen. Darauf verweist bereits die Person des Maximinus, der als Bischof von Trier in einem romanisierten und christianisierten Randgebiet wirkte und dessen Kult weit in die Missionsgebiete ausstrahlte[8]. Die Vita wird also auch an vor kurzem und häufig auch nur oberflächlich christianisierte Gläubige gerichtet gewesen sein, die noch starke Verbindungen zu nichtchristlichen Religionsvorstellungen besaßen. Gleichzeitig ist der Bär nicht vollkommen der tierischen Elemente beraubt. Denn es findet keine Bekehrung und Aufnahme in die menschliche Gemeinschaft statt. Der Bär wird wieder weggeschickt. Dies spricht dafür, dass er weiter als Tier betrachtet wird, das kein Teil der menschlichen oder christlichen Gemeinschaft ist. Durch die Doppeldeutigkeit der Bärengestalt verschwimmt hier die Grenze zwischen Mensch und Tier und es wird ein Raum für Anklänge an tradierte Kulte eröffnet, welche Bären als menschenähnliche Wesen bzw. als verwunschene oder verwandelte Menschen sehen.[9]

7 Lupus: Vita Maximini episcopi Trevirensis. In: *MGH SS rer. Mer.* III, hrsg. v. Bruno Krusch. Hannover: Hahn 1896, S. 71–82, hier Kap. 3.

8 Vgl. Johannes Hau: *Sankt Maximinus.* Saarbrücken: Saarbrücker Druck- u. Verlagsanstalt 1935, S. 46ff.

9 Will-Erich Peuckert: Bär. In: *Handwörterbuch des Deutschen Aberglaubens* I. Berlin / Leipzig: de Gruyter 1927, Sp. 885–886.

Gallus

Das Bärenwunder des Gallus, welches zum Kern des Gründungsmythos des Klosters St. Gallen gehört, ist auf Grund der Bedeutung St. Gallens besonders bekannt. Daher liegen hierfür bereits einige Deutungsversuche vor.[10]

Wetti berichtet in seiner Gallusvita, dass Gallus und sein Begleiter Hiltibod an die Steinach gekommen seien und beschlossen hätten, diesen Ort für den Bau einer Zelle auszusuchen. Anschließend hätten sie Fisch gegessen und einige Zeit im Gebet verbracht. Die Vita fährt dann fort:

> Inzwischen kam vom Berg herab ein Bär hinzu und naschte von den Überresten ihrer Mahlzeit. Ihm aber sagte Gallus, der von Gott Erwählte: ‚Wildtier, im Namen unseres Herrn Jesus Christus befehle ich dir: Nimm Holz auf und bringe es zum Feuer!' Dieser machte sogleich kehrt, brachte einen gewaltigen Holzklotz herbei und legte ihn ins Feuer. Zum Lohn für solche Leistung reichte ihm der Gottesmann Brot, jedoch auf die Art, dass er ihm gebot: ‚Im Namen meines Herrn Jesus Christus, weiche aus diesem Tal! Es seien dir die Berge und Höhen überlassen, hier aber schade fürderhin weder dem Vieh noch den Menschen!'[11]

Der Bär ist hier kein mächtiger und starker Gegner des Heiligen, sondern eher ein bedauernswertes Wesen, das von den Abfällen der Männer Gottes lebt. Es ist fraglich, ob er tatsächlich einen Schaden anrichtete, als er die Reste vertilgte.

Gallus zeigt seine von Gott gegebene Macht hier auf dreierlei Weise. Erstens kann er mit dem Bären sprechen, woraufhin ihm dieser zweitens gehorcht und dadurch in die Position eines Dieners rückt. Drittens teilt er das Gebiet, in dem sie sich befinden, in Bereiche, die dem Bären überlassen sind, und solche, die ihm verschlossen bleiben. Das Gebot, zukünftig weder Mensch noch Vieh zu schaden, ist anders zu verstehen als in der Vita des Maximinus. Es ist mit dem Verweis aus dem Umfeld des Klosters verbunden und zeigt zunächst

10 Vgl. insbesondere Maren Jochimsen: Der Heilige Gallus. Der Mönch, der Bär und das goldene Halsband. In: Ulrich Müller / Werner Wunderlich (Hrsg.): *Herrscher, Helden, Heilige.* St. Gallen: UVK 1996, S. 639–651; Ernst G. Rüsch: *Gallus und der Bär. Geschichte und Legende.* St. Gallen: Tschudy 1950; Anton Weise: *Die Bedeutung der Tiere in den Heiligen-Viten des frühen Mittelalters.* Unveröffentlichte Magisterarbeit, Gerhard-Mercator-Universität Duisburg 2001, S. 45–48.

11 Wetti: Vita S. Galli. In: *MGH SS rer. Mer.* IV, hrsg. v. Bruno Krusch. Hannover / Leipzig: Hahn 1902, S. 257–280; dt. in: Johannes Duft: *Die Lebensgeschichten der Heiligen Gallus und Otmar.* Sigmaringen: Ostschweizer Druck- u. Verlagsanstalt 1988, S. 15–48, hier Kap. 11.

keine Wandlung, sondern nur eine räumliche Einschränkung. Erst zwei andere Aspekte lassen eine Wandlung erkennen: So hat der Bär, der das Feuerholz holt, symbolisch Anteil an der Hausgemeinschaft.[12] Diese Symbolik ist nur angedeutet. Das Symbol des Brotes, welches dem Bären geschenkt wird, hat hier eine wichtige Funktion und ist sicher nicht zufällig an dieser zentralen Stelle der Vita positioniert. Es stellt eine Beteiligung des Bären an der Hausgemeinschaft dar, dass er das Holz holt. Dies wird durch die Gabe des Brotes verstärkt. Hierdurch wird, wenn auch nur temporär, eine Gemeinschaft konstituiert. Das Brot muss in Viten immer auch als „Brot des Lebens" verstanden werden. Schon Maren Jochimsen wies in diesem Zusammenhang darauf hin, dass eine Unterscheidung zwischen Brot als körperlicher und geistiger Nahrung wegen der starken mit dem Brot verbundenen Symbolik kaum vorgenommen werden kann.[13] Wetti lässt Hiltibod zu einem späteren Zeitpunkt noch einmal auf diese Symbolhandlung Bezug nehmen, um das Verständnis der Geste sicherzustellen. Der Vita zufolge habe Hiltibod, nachdem er später in Arbon angekommen war, im Rahmen eines Gesprächs folgenden Ausspruch getätigt: „Wenn jetzt ein Bär hier wäre, würde ihm Gallus wohl einen Segen verabreichen."[14]

Danach sei er aufgefordert worden zu erzählen, was sich ereignet hätte, und habe das Geschehen geschildert. Da Wetti jedoch von den Ereignissen an der Steinach berichtet, ohne die Segnung des Bären durch Gallus zu erwähnen, kann sich der oben angeführte Ausspruch nur auf die Gabe des Brotes beziehen. Die Interpretation als Symbolhandlung ist damit gesichert.

Stellt man hier abschließend die Frage, ob eine Metamorphose, also eine Verwandlung des Wesens des Bären stattgefunden hat, so wird deutlich, dass der Bär hier anders behandelt wird als bei Maximinus und eine vergleichbare Verwandlung gerade nicht stattgefunden hat. Dennoch ist hier eine bedeutende Veränderung zu erkennen. Der

12 Vgl. Jochimsen: Der heilige Gallus, S. 645.

13 Vgl. ebd.

14 Wetti: Vita S. Galli, Kap. 14. Rüsch interpretiert dies als Indiskretion und versteht die Passage damit grundlegend falsch. Das Geheimhaltungsgebot, dem Hiltibod hier unterliegt, ist topisch und dient lediglich dazu, die Bescheidenheit des Gallus zu demonstrieren. Es ist hingegen üblich, dass in Viten das Verständnis von Erzählungen durch Hilfestellung in Form von kommentierenden oder erklärenden Aussagen gefördert wird.

Bär wird von einem armseligen Wesen zu Beginn des Ereignisses zu einem Wesen, welches an der Gnade Gottes teilhat und das durch Zuweisung seinen Platz in der Ordnung Gottes einnimmt. Dies ist nicht nur räumlich zu verstehen. Insofern ist er keine *bestia* mehr. Es hat eine grundlegende Wesensänderung stattgefunden. Menschliche Züge treten stärker in den Vordergrund und der Bär wird dem Menschen angenähert.

Bedeutung sich verwandelnder Tiere

Die drei zuvor dargestellten exemplarischen Wunderberichte zeigen, dass die frühmittelalterliche Hagiographie es grundsätzlich für möglich hält, dass Tiere sich dem Wesen nach erheblich wandeln. Entscheidend ist dabei ‚göttliches', durch den Heiligen vermitteltes Eingreifen. Auf Grund dieser Quellen, kann festgestellt werden: Die Schlange im Klostergarten zeigt, dass sich das Wesen auch bei biblisch stark determinierten Tieren umkehren kann. Der Bär hat in der Hagiographie des lateinischen Frühmittelalters eine weniger biblisch dominierte Bedeutung und darüber hinaus allein durch sein Äußeres eine gewisse Nähe zum Menschen, die auch auf nichtchristliche Traditionen bezogen werden kann[15]. Die durch die frühmittelalterliche Theologie vertretene deutliche Abgrenzung zwischen Mensch und Tier verschwimmt bei ihm durch die Möglichkeit, ihn als menschenähnlich bzw. als Mensch zu interpretieren. Diese Abgrenzung spielt auch bei der Frage eine Rolle, ob sich Menschen in Tiere verwandeln können. Darauf wird weiter unten noch eingegangen.

Verwandlung in Tiere

Auch Gott und der Teufel nehmen die Gestalt von Tieren an. Vor allem der Teufel schlüpft gelegentlich in die Gestalt von Schlangen oder anderen Tieren.[16]

Die *Casus sancti Galli*

Ein Beispiel dafür ist in den *Casus sancti Galli* Ekkehards IV. enthalten.[17] Darin wird beschrieben, dass der Abt Notker abends beim Gebetsrundgang durch die Klosterkirche auf den Teufel getroffen

15 Peuckert: Bär, Sp. 884.

16 Vgl. zum Beispiel Gregor: Dialoge, Buch 3, Kap. 16.

17 Ekkehard IV.: Casus sancti Galli. In: *St. Galler Klostergeschichten*, hrsg. v. Hans. F. Haufele. Darmstadt: WBG 1980, S. 15–287, hier Buch III, Kap. 41.

sei, der sich in einen Hund verwandelt hatte. Der Teufel in Hundegestalt habe sich in einer Ecke der Kapelle befunden, die dem heiligen Columban geweiht war; er habe Schweine- und Hundelaute von sich gegeben. Als Notker ein Licht entzündet habe, habe der Hund ihn angegriffen und dabei die Kleidung des Heiligen beschädigt. Daraufhin habe Notker dem Teufel befohlen, bei der Sakristei in Hundegestalt auf ihn zu warten. Der Teufel habe darauf geantwortet: „Ich tu's, wenn ich mag“[18]. Notker erwiderte, dass er darauf vertraue, dass der Teufel aufgrund göttlichen Willens die Hundegestalt behalten müsse, unabhängig davon, ob er dies wolle. Dies sei dann auch so geschehen. Notker habe den Teufel, der durch eine heilige Kugel an der Flucht gehindert worden sei, mit dem Stab des heiligen Columban so lange verprügelt, bis das unerwartete Erscheinen des Küsters dem Teufel die Flucht ermöglicht habe. Einige Zeit später hätten Notker und der Teufel sich erneut in ein Wortgefecht über diese Begebenheit verstrickt.[19]

Auf den ersten Blick scheint diese Episode nicht besonders bemerkenswert zu sein. In der hagiographischen Literatur gibt es eine Vielzahl von Beispielen, in denen Heilige eine Auseinandersetzung mit dem Teufel gewinnen. Dabei nimmt letzterer häufig auch andere Gestalten an. Bezogen auf die oben dargestellte Episode ist jedoch auf etwas Besonderes hinzuweisen: Der Gestaltwechsel des Teufels geschieht offenbar freiwillig. Die Rückverwandlung wird jedoch durch den Heiligen verhindert. Somit ist der Teufel hinsichtlich der Veränderung seiner Gestalt fremdbestimmt.

Da hagiographische Texte nicht als fiktional verstanden wurden, können sie keine Darstellungen enthalten, die von den Menschen des Frühmittelalters mehrheitlich für irreal gehalten wurden. Folglich müssen Gestaltwechsel des Teufels und Tiermetamorphosen unter Trennung von Wesen und Gestalt für möglich und vorkommend gehalten worden sein.

Eustachius

Während im vorigen Beispiel der Teufel eine Tiergestalt annahm, gibt es auch Beispiele dafür, dass Gott in Heiligenviten eine Tiergestalt annimmt. Besonders bekannt ist das Motiv des Hirschen, in

18 Ebd.
19 Ebd., Kap. 42.

dessen Geweih ein Kreuz erscheint. Im Frühmittelalter ist es erstmals prominent in der Eustachiuslegende überliefert.[20] Eustachius, hier noch Placidus genannt,[21] sei auf der Jagd einem Hirsch gefolgt und habe diesen schließlich gestellt. Daraufhin habe er im Geweih des Hirschen ein strahlendes, mit der Sonne vergleichbares Licht mit einem Kreuz in der Mitte gesehen. Darüber hinaus habe der Hirsch zu Eustachius gesprochen und sich als Christus offenbart, der um Eustachius' willen in eine Tiergestalt geschlüpft sei. Daraufhin habe Eustachius seinen Namen geändert und sich taufen lassen.

Die Psalmen prägen die biblische Symbolik des Hirschen. Die im Mittelalter meist rezipierte Bibelstelle dazu lautet: „Wie ein Hirsch nach Wasserquellen lechzt, so lechzt meine Seele nach dir, o Gott!"[22] Der Hirsch wird zum Symbol für die Seele des Menschen, die sich nach Taufe und Erlösung sehnt.[23] Er kann sogar zum Symbol für Christus werden.[24] Dies zeigt sich beispielsweise in dem häufig verwandten Motiv des Kampfes zwischen Hirsch und Schlange, in dessen Verlauf der Hirsch die Schlange zertritt.[25] Daraus folgt eine Variante des Motivs: Der Hirsch stellt den vom Gift der Schlange gereinigten, getauften Menschen dar.[26] Besonders interessant wird der Hirsch jedoch durch eine andere Tradition. Denn neben der christlichen Hirschsymbolik trägt dieses Tier in tradierten Kulten andere, teils durchaus negative Bedeutungen.[27] Zwei Aspekte seien herausgegriffen: Erstens ist der Hirsch Eikthyrmir in der ‚nordischen' Mythologie als Tier bekannt, das an der Weltesche nagt. Zweitens tritt der Hirsch

20 Vgl. Walter Hildebrand: *Sankt Hubertus und Sankt Eustachius.* Gräfelfing: Pistis 1979.

21 Vita Eustachii. In: *Acta Sanctorum* Sept. VI. Antwerpen 1757, S. 123–128, hier Kap. 3 u. 4.

22 Ps. 41,2: „Quemadmodum desiderat cervus ad fontes aquarum: ita desiderat anima mea ad te Deus."

23 Schmidt / Schmidt: *Die vergessene Bildersprache*, S. 67ff., sowie Donat de Chapeaurouge: *Einführung in die Geschichte der christlichen Symbole.* 4. verb. Aufl. Darmstadt: WBG 2001, S. 74–75.

24 Vgl. E. Lucchesi Palli: Hirsch. In: *Lexikon der Christlichen Ikonographie* II. Sonderausgabe. Rom: Herder 1992, Sp. 286ff.

25 Vgl. Schmidt / Schmidt: *Die vergessene Bildersprache*, S. 68.

26 Vgl. ebd.

27 Vgl. Will-Erich Peuckert: Hirsch. In: *Handwörterbuch des Deutschen Aberglaubens* IV. Berlin / Leipzig: de Gruyter 1931, Sp. 90ff. Aufgrund der lückenhaften Quellenlage ist es umstritten, ob diese üblicherweise als ‚germanisch' bezeichneten Religionsvorstellungen im Frühmittelalter bzw. im Frankenreich vertreten waren.

als Tier der Unterwelt auf, z. B. im Zusammenhang mit Wotan und Dietrich von Bern.[28]

Die Bedeutung des Hirschen steht im Spannungsfeld von Lichtsymbol und Seelentier einerseits und Unterwelttier andererseits. Dabei sind diese unterschiedlichen Interpretationen des Hirschen durchaus miteinander verbunden. Die Metamorphose Christi, der die Gestalt eines Hirschen annimmt, wird auf der einen Seite von christlicher Licht-[29] und Taufsymbolik dominiert.[30] Auf der anderen Seite werden aber auch nichtchristliche, aus tradierten Kulten stammende Assoziationen bei den Adressaten der Viten geweckt. So wurde sowohl die Legende selbst als auch die Strahlensymbolik aus dem östlichen Mittelmerrraum übernommen.[31] Der Hirsch hat hier also innerhalb der christlich geprägten Darstellung Anklänge an antik-‚heidnische' und vor allem an ‚heidnisch-germanische' Mythologie.[32]

Diese Feststellung lenkt die Betrachtung auf die Funktion der hagiographischen Darstellung, die sowohl Gott als auch den Teufel mit deren Darstellung als Tier greifbar macht. Vermutlich soll damit an tradierte Religionsvorstellungen angeknüpft werden, die weniger kategorial gestaltet sind als die christliche Schöpfungsordnung.

Mensch-Tier-Verwandlung

Augustinus zufolge lehnt die Theologie des Frühmittelalters die Vorstellung, dass sich ein Mensch in ein Tier verwandeln kann, mehrheitlich ab.[33] Augustinus betont zwar die Allmacht Gottes, der solche Metamorphosen durchführen könnte; er hält aber Berichte über Verwandlungen von Menschen in Tiere für dämonische Trugbilder.[34] In der frühmittelalterlichen theologischen Literatur wird eine

28 Ebd., Sp. 93.

29 Vgl. Schmidt / Schmidt: *Die vergessene Bildersprache*, S. 67.

30 Vgl. Lucchesi Palli: Hirsch, Sp. 288.

31 Vgl. Odilo Engels: Die hagiographischen Texte Papst Gelasius' II. in der Überlieferung der Eustachius-, Erasmus- und Hypolistuslegende. In: *Historisches Jahrbuch* 76 (1957), S. 118–133, S. 118ff.

32 Vgl. Peuckert: Hirsch, Sp. 90.

33 Gabriele Brunner Ungricht: *Die Mensch-Tierverwandlung. Eine Motivgeschichte unter besonderer Berücksichtigung des deutschen Märchens in der ersten Hälfte des 19. Jahrhunderts.* Bern / Frankfurt am Main: Peter Lang 1998, S. 37, sowie Peter Dinzelbacher: Mittelalter. In: Ders. (Hrsg.): *Mensch und Tier in der Geschichte Europas.* Stuttgart: Kröner 2000, S. 181–292, hier S. 228.

34 Aurelius Augustinus: *Der Gottesstaat – De civitate dei.* Lat. / Dt., hrsg. u. übers.

umgekehrte Verwandlung von Tieren in Menschen gar nicht erst erwogen. In den Heiligenviten des Frühmittelalters tauchen deshalb eindeutige Verwandlungen von Menschen in Tiere nicht ausdrücklich auf. Möglicherweise gab es jedoch solche Vorstellungen. Im Volksglauben sind entsprechende Beispiele bekannt.[35] Vermutlich gehen sie auf vorchristliche Religionsvorstellungen zurück. Es handelt sich wohl um tradierte und gewandelte pagane Religionsvorstellungen bzw. vorchristliches Erzählgut, wie es nachfolgend bei Paulus Diaconus anzutreffen ist.

Tier-Mensch-Metamorphose eines Dämons bei Paulus Diaconus

Paulus Diaconus berichtet in seiner *Geschichte der Langobarden*, die in größerem Umfang älteres Erzählgut enthält,[36] König Cunicpert habe Aldo und Grauso, die auf dem Weg zu ihm gewesen seien, umbringen wollen. Als er mit seinem Marschall darüber beraten habe, habe ihn eine dicke Fliege gestört, der er mit einem Messer ein Bein abgehackt habe, als er sie zu töten versuchte. Kurz darauf habe ein hinkender, einbeiniger Mann Aldo und Grauso vor dem König gewarnt. Letztere seien daraufhin in eine Kirche geflüchtet. Laut Paulus habe der König mit den potenziellen Opfern Aldo und Grauso Kontakt aufgenommen. Diese hätten ihm von der Warnung berichtet, woraufhin Cunicpert erkannt habe, dass die Fliege und der hinkende Mann der gleiche Dämon gewesen sei, der ihn zum Mordversuch an Aldo und Grauso verleitet hatte. Cunicpert habe sich daraufhin mit den beiden versöhnt.[37]

Wollte man Cunicperts Äußerung folgend die Fliege und den Hinkenden als Dämon verstehen, der zuvor den König zum Mordplan angestiftet hatte, so erscheint es nicht logisch, dass der Dämon in Gestalt des Mannes Aldo und Grauso gewarnt haben soll. Dieser logische Bruch lässt in Verbindung mit dem Wissen, dass die *Geschichte der*

v. Carl Johann Perl. Paderborn: Schöningh 1979, Bd. 2, S. 324–329, hier S. 324ff. (Buch 18, Kap. 18).

35 Riegler: Tiergestalt. In: *Handwörterbuch des Deutschen Aberglaubens* VIII. Berlin / Leipzig: de Gruyter 1936, Sp. 819ff.

36 Wolfgang F. Schwarz: Quellen, Stoffe und Strukturen. In: Paulus Diaconus: *Geschichte der Langobarden – Historia Langobardorum*. Lat. / Dt., hrsg. u. übers. v. Wolfgang F. Schwarz. Darmstadt: WBG 2009, S. 39–102, hier S. 7.

37 Paulus Diaconus: Historia Langobardorum. In: Ders.: *Geschichte der Langobarden*, S. 112–343, hier S. 308–309 (Buch 6, Kap. 6).

Langobarden unvollendet blieb,[38] nur den Schluss zu, dass hier eine nur unvollkommen christlich umgedeutete Mensch-Tier-Metamorphose vorliegt.[39] Hier bleibt folglich festzuhalten, dass die Vorstellung von der Verwandlung von Menschen in Tiergestalt bis ins 8. Jahrhundert zumindest in umgedeuteter Form überdauert hat.

Fazit

Die oben dargestellten Erzählungen müssen unter Berücksichtigung des Zwecks der hagiographischen Literatur betrachtet werden. Die Hagiographie soll der Förderung der Frömmigkeit, insbesondere des Kultes eines oder mehrerer Heiliger dienen. Dies tut sie insbesondere dadurch, dass sie die Macht des Heiligen, oder theologisch korrekt, die Macht Gottes, die durch den Heiligen wirkt, veranschaulicht. Andererseits wurde gezeigt, dass in der frühmittelalterlichen Literatur religiöse Vorstellungen enthalten sind, die anders als die gelehrte Theologie des Frühmittelalters nicht von einer klar gegliederten Weltordnung mit „asymmetrischer Schöpfungsgemeinschaft"[40] ausgehen. Diese zur Theologie der Zeit im Widerspruch stehenden Vorstellungen werden nicht ausdrücklich formuliert. Gleichwohl sind in den Werken frühmittelalterlicher Autoren Erzählungen enthalten, die daran anknüpfen. Die angeführten Beispiele zeigen, dass die Grenze zwischen Mensch und Tier im Frühmittelalter ebenso wenig als klar gezogen galt wie die Möglichkeit von Metamorphosen ausgeschlossen wurde.

38 Wolfgang F. Schwarz: Paulus Diaconus und seine Zeit. In: Paulus Diaconus: *Geschichte der Langobarden*, S. 7–22, hier S. 7.

39 Peter Dinzelbacher: *Das Fremde Mittelalter. Gottesurteil und Tierprozess.* Essen: Magnus 2006, S. 218, sieht darin eine „Rationalisierung"; vgl. auch ebd. S. 12.

40 Ulrich H.J. Körtner: Tier. In: *Theologische Realenzyklopädie* 33. Berlin: de Gruyter 2002, S. 527–534, hier S. 528.

Metamorphische Begegnungen zwischen Mensch und Tier

Donna Haraways *When Species Meet* und Marian Engels *Bear*

Alexandra Böhm

Der folgende Beitrag wird statt offensichtlicher Wandlungen der Gestalt, wie sie etwa bei dem antiken Dichter Ovid zu finden sind, weniger sichtbare, psychische Verwandlungen fokussieren, die auf konkreten, materiellen Begegnungen mit Tieren beruhen. Ausdruck des Prozesses der Transformation ist in dem literarischen Text *Bear* der kanadischen Autorin Marian Engel die provokante und schockierende Liebesbeziehung der Protagonistin mit einem Bären, die die Spezies-Grenze überschreitet. Zunächst soll Donna Haraways Konzept der transformierenden Begegnung erläutert werden, die aus dem ‚entanglement' zwischen Mensch und Tier resultiert. Dabei wird ihre Kritik an Gilles Deleuzes und Félix Guattaris Vorstellung des Tier-Werdens nachvollzogen, gegen das sie ihre Auslegung eines ‚becoming with' positioniert. Im Anschluss daran wird Engels Roman *Bear* vor dem Hintergrund von Haraways Konzeption der Transformation von Mensch und Tier durch die konkrete Begegnung gelesen.

1. Donna Haraway: Begegnungen zwischen den Spezies

Die Biologin und feministische Philosophin Donna Haraway wurde mit ihrem *Manifesto for Cyborgs* in den 1980er Jahren international bekannt. Die Infragestellung von binären Oppositionen (Mann/Frau, Mensch/Maschine, Kultur/Natur), die in der Figur des Cyborg zum Ausdruck kam, etabliert Haraway in ihren neueren Arbeiten an der kulturell gegründeten Grenzziehung zwischen Mensch und Tier. In ihrer Untersuchung *When Species Meet* von 2008 widmet sich Donna Haraway der Frage, wie Mensch und Tier als ‚companion species' konzeptioniert werden können. Der Entwurf der ‚companion species', den sie bereits in ihrem *Companion Species Manifesto* von 2003 einführte, zielt auf die Überwindung der Idee des menschlichen Exzeptionalismus und ist, Haraway zufolge, kompromisslos als ein Werden-Mit

(‚becoming with') zu denken.[1] Im Folgenden wird der Frage nachgegangen, was Haraways Vorstellung eines Werden-Mit bedeutet und inwiefern es einen transformatorischen Charakter besitzt.

Haraways Ausführungen in *When Species Meet* implizieren eine Kritik an der Tradition der westlichen Philosophie, die die Einzigartigkeit des Menschen propagiert und daraus seinen vermeintlichen Herrschaftsanspruch ableitet. In der Folge von René Descartes' philosophischer Position wird das Subjekt als mit sich selbst identisch, autonom und selbstbestimmt gedacht. Haraways Entwurf des ‚becoming with' in der Begegnung mit anderen kann insofern als eine Kritik am neuzeitlichen Subjektbegriff verstanden werden: „To be one is always to *become with* many."[2] Eins-Sein heißt für sie also immer ein Werden mit Vielen, wobei die Wortneuschöpfung ‚become with' nicht nur den unabschließbaren, prozessualen Aspekt der Subjektkonstitution, sondern auch die Notwendigkeit eines Gegenübers betont. Voraussetzung des In-der-Welt-Seins ist Haraway zufolge „intra- and interaction". Und weiter betont sie: „The partners do not precede the meeting; species of all kinds, living and not, are consequent on a subject- and object-shaping dance of encounters."[3] Die Metapher des Tanzes, die Haraway hier für die Begegnung mit dem anderen verwendet, veranschaulicht präzise die zentralen Aspekte ihrer Vorstellung, wie sich die Konstitution von Subjekten vollzieht. Das Bild des Tanzes akzentuiert die Interaktion: denn nur im Miteinander ergibt sich das Konstrukt des Tanzes, bei dem die teilnehmenden Partner gleichberechtigte Positionen einnehmen, die nicht fixiert sind,

1 Haraways Position im Tierdiskurs erfuhr in den *Animal Studies* eine enorme Resonanz. Allerdings wurde bislang ihre Studie *When Species Meet* im deutschsprachigen Bereich der *Animal Studies* noch nicht umfangreich diskutiert.

2 Donna Haraway: *When Species Meet*. Minneapolis: University of Minnesota Press 2008, S. 4. Haraway partizipiert mit diesem Konzept an der zeitgenössischen philosophischen Theoriebildung. Auch Jean-Luc Nancy etwa betont das konstitutive ‚Mit' des Seins in seiner Studie *Être singulier pluriel*: „*Singulär plurales Sein* heißt: Das Wesen des Seins ist, und ist nur, als Mit-Wesen *[co-essence]*. […] Also nicht das Sein zuerst, dem dann ein Mit hinzugefügt wird, sondern das Mit im Zentrum des Seins." (Jean-Luc Nancy: *singulär plural sein*, aus d. Franz. v. Ulrich Müller-Schöll. Berlin: Diaphanes 2004, S. 59.) Nancy verweist wiederum als Gewährsmänner auf Derrida und Deleuze (vgl. ebd., S. 57–58). Charakteristisch für Haraway ist aber im Unterschied zu Nancy ihr interspeziesistischer Ansatz, der das Werden-Mit in der Begegnung mit dem nicht-menschlichen Anderen fokussiert – dazu können prinzipiell nicht nur Tiere, sondern etwa auch technische Apparaturen zählen.

3 Haraway: *When Species Meet*, S. 4.

sondern sich im Akt des Tanzens immer wieder verkehren. Erst im Vollzug des Tanzes und nicht vorgängig – so unterstreicht Haraway – findet die Konstitution der teilnehmenden Akteure statt. „The partners do not precede their relating; all that is, is the fruit of becoming with: those are the mantras of companion species."[4] Das Konzept der ‚companion species' ist eine Neuschöpfung von Haraway und darf nicht mit ‚companion animals' – der Bezeichnung für Haustiere – verwechselt werden. Was Haraway darunter versteht, veranschaulicht sie konkret an der Beziehung zu ihrem Hund, mit dem sie zusammen lebt – Ms Cayenne Pepper: „We are, constitutively, companion species. We make each other up, in the flesh. Significantly other to each other, in specific difference, we signify in the flesh a nasty developmental infection called love."[5]

Die Begegnung zwischen Mensch und Tier soll nicht durch vereinnahmende anthropozentrische Gesten gekennzeichnet sein, sondern durch Respekt, Aufmerksamkeit für das Gegenüber und Respons. Am Ende ihrer Ausführungen zur Frage, welche Bedeutung der Begriff ‚species' in unterschiedlichen Kontexten besitzt, kehrt sie zum visuellen Register zurück, von dem sie mit dem lateinischen ‚specere' (‚schauen') ausgegangen ist:

> Looking back in this way takes us to seeing again, to *respecere*, to the act of respect. To hold in regard, to respond, to look back reciprocally, to notice, to pay attention, to have courteous regard for, to esteem: all of that is tied to polite greeting, to constituting the polis, where and when species meet. To knot companion and species together in encounter, in regard and respect, is to enter the world of becoming with, where *who and what are* is precisely what is at stake.[6]

Es zeigt sich hier, dass in Haraways Theorie das Werden in der ‚sehenden' Begegnung mit dem Anderen, dem Differenten eine Leitidee darstellt.

Der grenzüberschreitende Charakter von Haraways Konzeption drückt sich in den von ihr geprägten Figuren aus wie den bereits genannten ‚companion species' oder dem Cyborg. Aber auch die Sprache, die sie für ihre wissenschaftlichen Texte verwendet, besitzt ein ausgesprochen transgressives Moment, indem sie gegen offizielle sprachliche und grammatikalische Normen und Regeln verstößt. Gegensätze und (binäre) Oppositionen werden verbunden und

4 Haraway: *When Species Meet*, S. 17.

5 Ebd., S. 16.

6 Ebd., S. 19.

möglichst nahe aneinandergerückt wie etwa in den Formulierungen ‚material-semiotic' oder ‚naturecultures'; Wörter werden in ungewöhnlicher Weise verwendet oder kombiniert, um zu irritieren und Neues im Denken jenseits abgesteckter mentaler Grenzen möglich zu machen.[7] Haraway, die selbst eine Grenzgängerin zwischen den Disziplinen ist, problematisiert auf diese Weise unhinterfragte Oppositionen und Scheidelinien, die sie unter Bezug auf Bruno Latour als „Great Divides between what counts as nature and as society, as nonhuman and as human" beschreibt.[8] Ihr Begriff des ‚entanglement', also der gegenseitigen Verstrickung der Partner in materiell-semiotischen Knoten, verweist genau auf die Unhaltbarkeit dieser Grenzen, die das Andere aus dem Eigenen auszuschließen suchen und auf der Reproduktion des „sacred image of the same" beharren.[9]

Während zentrale Aspekte von Haraways Kritik am neuzeitlichen Subjektbegriff mit Deleuze und Guattaris Ablehnung des ödipalen Subjekts vergleichbar sind und auch ihre Vorstellung eines ‚becoming with' Ähnlichkeiten zum Konzept des Tier-Werdens von Deleuze und Guattari aufweist, stellen sich doch wesentliche Differenzen ein. Zwar wird auch im Tier-Werden das traditionelle Subjekt ersetzt, bei Deleuze und Guattari zielt es aber auf eine vollständige Selbstentgrenzung, die ihren konsequenten Ausdruck im Molekular-Werden findet.[10] Haraway geht darauf in ihrer Abhandlung *When Species Meet* ein, wenn sie Deleuze und Guattaris Ausführungen in *Tausend Plateaus* als Philosophie des Sublimen bezeichnet, die in ihrer Kritik an allem Irdisch-Banalen und Domestizierten symptomatisch dafür sei, tatsächliche Tiere nicht ernst zu nehmen.[11] Statt des Exzeptionellen, Sublimen akzentuiert Haraway das Banale, Alltägliche: „the mud and the slime of my proper home world."[12] Das Irdisch-Weltliche ist ihr

7 Für eine umfassende Analyse von Haraways Positionen im Hinblick auf Tier-Mensch-Beziehungen vgl. Julia Bodenburg: *Tier und Mensch. Zur Disposition des Humanen und Animalischen in Literatur, Philosophie und Kultur um 2000*. Freiburg i. Br.: Rombach 2012, S. 47–71. Die Studie berücksichtigt allerdings noch nicht Haraways neueste Publikation *When Species Meet*.

8 Haraway: *When Species Meet*, S. 9.

9 Ebd., S. 10.

10 Vgl. etwa Gilles Deleuze / Félix Guattari: *Tausend Plateaus. Kapitalismus und Schizophrenie*, aus d. Franz. v. Gabriele Ricke / Ronald Voullié. Berlin: Merve 1992, S. 374–375.

11 Vgl. Haraway: *When Species Meet*, S. 29.

12 Ebd., S. 30.

zentrales Interesse: „I am especially committed to inhabiting both the trouble and the vitality of the contact zones of companion species called ‚domestic', where the situated work and play of myriad critters (including people) make history."[13] Dass Haraways ‚becoming with' im Unterschied zu Deleuzes/Guattaris Konzept des Tier-Werdens ein „grounded everyday experience of actual species" sei, hebt auch Lucy Davis hervor.[14]

Die Aspekte des Konkret-Geerdeten und der Alltagserfahrung, die Davis nennt, prägen auch den spezifischen Charakter des Konzepts der Metamorphose in der Interspeziesbegegnung bei Haraway. Darin unterscheidet sich ihre Vorstellung des ‚becoming with' auch vom Tier-Werden bei Deleuze und Guattari. Obwohl die französischen Autoren anhand ihrer Abhandlung zu Kafka entwickeln, dass das Tier-Werden nichts Metaphorisches an sich habe, darf aber dennoch unter ‚becoming-animal', wie Steve Baker betont, keinesfalls „some kind of preposterous bodily metamorphosis, natural or unnatural, utopian or dystopian" verstanden werden.[15] „Becoming is not", führt Baker weiter aus, „a matter of moving from one distinct state into another, from a point of origin to a point of arrival".[16] Auch Haraways Konzept der Transformation akzentuiert den Prozess des Werdens, bei dem es keinen vorgängigen Zustand gibt – „The partners do not precede their relating; all that is, is the fruit of becoming with"[17]. Wie Haraway ausdrücklich betont, geht es ihr jedoch im Unterschied zu Deleuze und Guattari um tatsächliche Begegnungen, die Wesen transformierend erschaffen – „actual encounters are what make beings" – und dabei sowohl körperliche als auch historisch-kulturelle Spuren hinterlassen.[18]

Mit Leitbegriffen wie Vitalität der Kontaktzone, der (sehenden) Begegnung, der ‚Weltlichkeit' (‚wordliness') und der Überschreitung

13 Donna Haraway. http://people.ucsc.edu/~haraway/ (Zugriff am 05.06.2013).

14 Vgl. Lucy Davis: Zones of Contagion: The Singapore Body Politic and the Body of the Street-Cat. In: Carol Freeman / Elizabeth Leane / Yvette Watt (Hrsg.): *Considering Animals. Contemporary Studies in Human Animal Relations.* Farnham / Burlington: Ashgate 2011, S. 183–198, hier S. 187.

15 Vgl. Gilles Deleuze / Félix Guattari: *Kafka. Für eine kleine Literatur*, aus d. Franz. v. Burkhart Kroeber. Frankfurt am Main: Suhrkamp 1976, S. 32 u. 50; Steve Baker: *The Postmodern Animal.* London: Reaktion Books 2000, S. 121.

16 Ebd.

17 Haraway: *When Species Meet*, S. 17.

18 Ebd., S. 67.

von Grenzen erweist sich Haraways Theorie als äußerst produktiv und anschlussfähig für eine Analyse von metamorphischen Begegnungen zwischen Mensch und Tier, die zudem eine ethische Dimension des Verhältnisses in den Blick nimmt. Der verändernde, metamorphische Charakter der emphatisch verstandenen ‚Begegnung' zwischen Mensch und Tier stellt den Fokus in der folgenden Analyse von Marian Engels *Bear* dar.

2. ‚Entanglements' zwischen Bär und Mensch: Marian Engels *Bear*

Marian Engel ist eine der bedeutendsten kanadischen Autorinnen des 20. Jahrhunderts, der von der feministischen Literaturwissenschaft große Aufmerksamkeit entgegengebracht wurde.[19] In Engels erfolgreichstem Roman *Bear* von 1976 steht allerdings nicht nur eine Frau im Zentrum der Handlung, sondern deren Begegnung mit einem Bären, die ihr Leben grundsätzlich verwandelt. Dieser Aspekt legt es nahe, den Text, der sich um weibliche Identität und Sexualität dreht, aus der Perspektive der *Animal Studies* zu lesen.[20]

Die Handlung des poetisch dichten Textes, der in der Liebesbeziehung zwischen der Protagonistin Lou und dem Bären neben seiner realistischen Schreibweise auch phantastische Züge trägt, lässt sich kurz zusammenfassen.[21] Lou ist Archivarin in Toronto. Dem historischen Institut, für das sie arbeitet, wurde die Bibliothek von Colonel Cary auf einer abgeschiedenen Insel hinterlassen. Lou, die sich ganz in ihre Arbeit im Keller des Instituts zurückgezogen hat, wird

19 So z. B. Christl Verduyn: *Lifelines. Marian Engel's Writings*. Montreal / Kingston: McGill-Queen's University Press 1995. Zu Engels Roman *Bear* aus einer feministischen Perspektive vgl. etwa Roberta Rubenstein: Animal Idylls: Female Desire, Fantasy and the Reconstructed Other. In: *LIT* 4 (1993), S. 123–135.

20 Wichtige Impulse für eine Lektüre von Engels Text aus der Perspektive der *Animal Studies* gibt neuerdings Allesandra Meoni: De-Metaphorizing and Becoming Animal: When the Animal Looks Back. In: *Acta Scientiarum. Language and Culture* 33 (2011), S. 89–95. Allerdings wird das Konzept des Tier-Werdens, das sie von Deleuze und Guattari übernimmt, nicht ausreichend in seiner Bedeutung für Engels Text ausgeführt.

21 Es ist insofern nicht überraschend, dass die Gattungsfrage hinsichtlich des Textes, der im Untertitel zudem ostentativ als *A Novel* bezeichnet wird, wiederholt diskutiert wurde. Coral Ann Howells etwa beobachtet, „[a]lthough the novel has a realistic setting, it is actually closer to fantasy". In *Bear* sieht sie eine „version of the pastoral" und zugleich des „pornographic" (Coral Ann Howells: Marian Engel's *Bear*: Pastoral, Porn and Myth. In: *ARIEL* 17,4 (1986), S. 105–114, hier S. 108–110).

daraufhin in den Norden Torontos zur Katalogisierung von Carys Nachlass geschickt. Das Anwesen Pennarth überrascht sie nicht nur mit der ungewöhnlichen Architektur des Hauses – ein in den offiziellen Büchern nicht verzeichnetes Fowlersches Oktagon – sondern auch mit der Präsenz eines Bären, für den sie in den nächsten Wochen sorgen muss. In dieser Zeit entwickelt sich zwischen Lou und dem Bären eine intensive emotionale und auch körperliche Beziehung. Am Ende des Sommers verlässt sie verwandelt die Insel und kehrt zurück nach Toronto – allerdings nicht in ihr früheres Leben. Dass sich zwischen Anfang und Ende des Textes eine Transformation der Protagonistin vollzieht, wurde in der Forschung mehrfach beobachtet.[22]
Diese Transformation, die sich vom Beginn bis zum Ende des Textes vollzieht, lässt sich schon rein physisch feststellen. Lou hat sich den Winter über im Keller des Instituts vergraben wie ein Maulwurf. Das Licht – ein wichtiges Motiv im gesamten Text – der Frühlingssonne, das sogar den Weg zu ihr in den Keller findet, beschämt sie – „for the image of the Good Life long ago stamped on her soul was quite different from this“[23]. Der Blick, den Lou in der Folge auf sich selbst richtet, ist ernüchternd: Sie erscheint sich selbst als disproportional gealtert über der andauernden Beschäftigung mit dem Alten und Abgelebten.[24] Die Vergangenheit hat die Gegenwart im Leben Lous fast vollständig verdrängt. Ihr Zustand vor der Abreise in die Wildnis Kanadas trägt Zeichen einer Lebenskrise: „Is a life that can now be considered an absence a life?“[25], wundert sich Lou. Im vorletzten Kapitel des Textes findet sich dann eine explizite Spiegelszene, in der sich die Protagonistin nackt betrachtet und dabei eine andere wahrnimmt: „She was different. She seemed to have the body of a much younger woman. The sedentary fat had gone, leaving the shape of the ribs showing.“[26] Wie noch zu sehen sein wird, ist diese Verwandlung nicht nur physischer, sondern auch psychischer Art.

22 Christl Verduyn etwa nennt sogar ihr Kapitel zu Engels *Bear* „Transformations“. Bei ihr findet sich auch der Hinweis auf eine Kurzgeschichte Engels aus dem zeitlichen Umfeld von *Bear* mit dem Titel *Transformations*, die nicht nur zentrale motivische Übereinstimmungen zu dem späteren Text besitzt, sondern deren Protagonistin ebenfalls Lou heißt (Verduyn: *Lifelines*, S. 121).

23 Marian Engel: *Bear. A Novel.* Boston: David R. Godine 2003, S. 2.

24 Vgl. ebd., S. 9.

25 Ebd.

26 Ebd., S. 115.

Was aber löst diese Verwandlung aus? Ein wichtiger Aspekt ist der Kontakt mit dem Offenen, der die Protagonistin verändert.[27] Dazu zählen die Landschaft und das Licht im Norden Kanadas, vor allem aber die Begegnung mit dem Bären. Bereits als sie den „Rubicon near the height of land“ passiert, beginnt sie sich frei und „lightheaded“ zu fühlen.[28] Noch bevor sie ihr Ziel, Colonel Carys Anwesen Pennarth, erreicht, schreibt sie dem Direktor des Instituts: „I have an odd sense […] of being reborn.“[29] Ihr Leben in der Stadt ist abgemessen und abgezirkelt, ihr einziger menschlicher Kontakt ist der Direktor des Instituts, mit dem sie einmal die Woche sexuell verkehrt, jedoch nicht aus Liebe oder Leidenschaft: „There was no care in the act, only habit and convenience.“[30] Im Offenen dagegen ist das Ungeahnte möglich – eine Sehnsucht, die auch die frühen Immigranten und Abenteurer wie Colonel Cary antrieb.[31]

Während Lous Aufenthalt auf dem Anwesen kommt es zu einer Reihe von Begegnungen mit dem Bären. Erscheint ihr der Bär zunächst noch als erfreuliche elisabethanisch-exotische Idee, ist sie schon bald mit seiner realen, materiellen Präsenz konfrontiert. Als sie zum ersten Mal auf den Bären trifft, der in einer Hütte hinter dem Haus untergebracht ist, kommt es zu einem Blickwechsel. „Bear. There. Staring. / She stared back.“[32] Ihre Überraschung und Sprachlosigkeit angesichts des Bären wird durch die Einwortsätze sowie die typographische Absetzung der beiden Sätze unterstrichen. Dass es sich hier nicht um einen einseitigen Blick des Menschen auf das Tier handelt, wie ihn John Berger für Zootiere beschreibt,[33] wird im folgenden Satz noch deutlicher: „They stared at each other as she ate, sizing each other up.“[34] Beide agieren als Subjekte, die sich gegenseitig wahrnehmen und einschätzen. Lou greift zunächst stereotype Zuschreibungen auf,

27 Das Offene steht in enger Verbindung zu den Konzepten des Seienden und der *alétheia* (Rainer Maria Rilke und Martin Heidegger). Vgl. dazu Giorgio Agamben: *Das Offene. Der Mensch und das Tier.* Frankfurt am Main: Suhrkamp 2003, S. 62ff.

28 Engel: *Bear*, S. 7.

29 Ebd., S. 9.

30 Ebd., S. 78.

31 Das (romantische) Streben nach einem anderen, besseren Leben verbindet Colonel Cary und Lou: „for as much as Blake and Wordsworth, Cary and Brummell had wanted a better life.“ (Ebd., S. 48.)

32 Ebd., S. 22.

33 Vgl. John Berger: *Why Look at Animals?* London: Penguin 2009, S. 33ff.

34 Engel: *Bear*, S. 23.

um das Andere zu interpretieren. Diese Projektionen werden jedoch korrigiert, indem sie versucht, sich auf die Perspektive des unbekannten Gegenübers einzulassen; ebenso werden Erwartungen angesichts der konkreten Realität berichtigt: „It did not seem menacing, only tired and sad. [...] She thought, you have these ideas about bears: they are toys, or something fierce and ogreish in the woods, following you at a distance, snuffling you out to snuff you out. But this bear was a lump."[35] Die Neugierde, die für Donna Haraway ein grundsätzliches Konstituens der ‚sehenden' Begegnung mit dem nicht-menschlichen Gegenüber ist, kennzeichnet anfangs Lous Interaktion mit dem Bären. Allerdings vereitelt die Protagonistin sofort die Möglichkeit, mit ihrem Gegenüber im emphatischen Sinn ‚Kontakt' aufzunehmen, sich ihm anzunähern – ‚to get in touch with'. In ihrer Lesart von Jacques Derridas *L'animal que donc je suis* wirft Haraway dem französischen Philosophen ein ähnliches Verhalten vor: „[H]e did not become curious about what the cat might actually be doing, feeling, thinking, or perhaps making available to him in looking back that morning. [...] Incurious, he missed a possible invitation, a possible introduction to other-worlding."[36]

In Engels Roman sind es die anthropomorphen Zuschreibungen an den Bären, die Lou verwendet, um den Bären einzuschätzen und zu verstehen, die prompt als Geste der Dominanz funktionieren und zunächst ein „other-worlding" verhindern. Ihre Beobachtungen, „[i]t looked stupid and defeated", „[i]t was not a handsome beast", führen zu dem Urteil: „An unprepossessing creature [...]. Not at all menacing. Not a creature of the wild, but a middle aged woman defeated to the point of being daft, who had sat night after night waiting for her husband for so long that time had ceased to exist and there was only waiting."[37] Durch die anthropomorphisierende Vereinnahmung, die Lous Selbstzweifel auf das Andere projiziert, wird der Bär diskreditiert und die eigene Überlegenheit bekräftigt: „I can manage him, she decided, and went inside."[38] Lous Beschluss, den Bären hochzupäppeln – „She thought briskly of restoring some gloss to it, taking

35 Engel: *Bear*, S. 23.

36 Haraway: *When Species Meet*, S. 20.

37 Engel: *Bear*, S. 24–25.

38 Ebd., S. 25.

it for walks“[39] –, kann in diesem Kontext als Ausdruck der Dominanz interpretiert werden, da die Subjekt- und Objektpositionen mit den entsprechenden Machtverhältnissen klar auf Mensch und Tier verteilt sind. Eine eindeutige Grenzziehung zwischen Mensch und Tier fordert auch Homer Campbell, der einen kleinen Laden in der Nähe des Cary-Anwesens betreibt und Lou hilft, sich in der Gegend zurechtzufinden. Wiederholt warnt er Lou vor einem zu engen Kontakt mit dem Bären: „Don't forget, however human it looks, it's a wild critter after all. [...] I wouldn't fool around with it.“[40]

Lous Charakter ist gekennzeichnet von zwei widerstrebenden Tendenzen. Das zeigt sich nicht nur in der Begegnung mit dem Bären, sondern auch in der Einschätzung des oktogonalen Hauses, von dessen Schönheit sie bei der Ankunft überwältigt ist und das sie nach kurzer Zeit aufgrund seiner Absurdität und „colonial pretentiousness“ kritisiert: „She went up towards the light, complaining in her practical mind about immigrant idiocies.“[41] Ihre archivarische Arbeit für das Institut ist geprägt von Systematisieren, Analysieren, Strukturieren und Ordnen. Sie selbst begreift sich als effizient, akkurat, sorgfältig und gewissenhaft. Rationalität und pragmatische Vernunft bestimmen ihr Handeln. Infrage gestellt wird dieses ‚verwaltete‘ Leben aber von einer „awful, anarchic inner voice“[42]. Lous Identitätskrise, die Merkmale von Depressionen zeigt, kennzeichnet die Frage nach dem Sinn des Daseins, weil ihre Sehnsucht nach Ziel und Bedeutung nicht erfüllt wird.

Der Text ist strukturiert durch die Begegnungen zwischen Lou und dem Bären. Sind diese zunächst noch klar umrissene Begegnungen, gibt es im Verlauf der Handlung nur noch ein Mit-dem-Bären-Werden. Die Aufgabe des Ernährens und Sorgens, die anfangs noch von Überlegenheitsgefühlen bestimmt ist, wird zu einer Geste der Für-Sorge, durch das In-Berührung-Kommen mit dem Anderen entsteht eine tatsächliche Beziehung, die sich im Sinne Haraways als ‚becoming with‘ beschreiben lässt. Der Bär wird für Lou zu einem ‚significant

39 Ebd., S. 24.
40 Ebd,. S. 28.
41 Ebd., S. 25.
42 Ebd., S. 69.

other'.[43] An die Stelle der reinen Reaktion, die ihre erste Begegnung kennzeichnet, tritt gegenseitiger Respons.[44]
Es ist aufschlussreich für den Prozess der Transformation der Beziehung, die schließlich zur ‚Metamorphose' der Protagonistin führt, vorweg die Topographie des Textes zu betrachten. Eine profilierte Stellung hat hier das oktogonale Haus, das nach den Plänen des Phrenologen Orson Squire Fowles gebaut wurde und das Donald S. Hair in der Verbindung von Kreis und Quadrat als alchemistische Formel für Einheit und Perfektion deutet.[45] Darüber hinaus vermittelt die besondere Architektur des Hauses durch die vielen Fenster und das lichtdurchflutete Obergeschoss, in dem sich die Bibliothek befindet, einen Übergang zwischen Innen und Außen. Die breite Treppe des Hauses stellt einen Schwellenort dar, der oben und unten bzw. symbolisch Kopf und Körper verbindet. Das Fowlersche Oktagon schafft durch seine spezifische Architektur eine Kontaktzone, in der sich Mensch und Tier jenseits etablierter Dichotomien und Grenzziehungen begegnen können. In den Nebengebäuden, die hinter dem Haus liegen, befindet sich die Hütte, in der der angekettete Bär lebt, aber auch Lous „outhouse"[46]. Zunehmend werden die Grenzen in das Territorium des anderen überschritten. Lou folgt dem Rat Lucy Leroys, einer alten Frau indianischer Abstammung, in deren Obhut der Bär sich bislang befand: „Shit with the bear […] Bear lives by smell. He like you"[47], und verrichtet ihren Stuhlgang von da an beim Bären. Gleichzeitig beginnt sie die Kette des Bären vom Haken zu nehmen, um ihn zum Baden an den Fluss zu führen. Die Grenzüberschreitungen ereignen sich auch in umgekehrter Richtung. Als Lou die Kette nicht mehr systematisch anlegt, kommt der Bär abends regelmäßig ins Haus, wo er seinen Platz in der Bibliothek vor dem Feuer einnimmt, während sie arbeitet.

43 Vgl. Engel: *Bear*, S. 27.

44 Zum Konzept des Respondierens, das sich von einem konventionellen Reiz-Reaktions-Modell signifikant unterscheidet, vgl. Jacques Derrida: The Animal That Therefore I Am (More to Follow). In: *Critical Inquiry* 28 (2002), S. 369–418, hier S. 377ff.

45 Donald S. Hair: Marian Engel's *Bear*. In: *Canadian Literature* 92 (1982), S. 34–45, hier S. 36.

46 Engel: *Bear*, S. 21.

47 Ebd., S. 36.

Ihre Leben verschränken sich (‚entanglement'), sie interagieren als ‚companion species', die partnerschaftlich miteinander schwimmen und im Wald spazieren gehen. Allesandra Meoni betont in ihrer Untersuchung von Engels Roman, dass die visuelle Begegnung zwischen Lou und dem Bären an Bedeutung gewinne, da keine linguistische Kommunikation möglich sei.[48] Tatsächlich spielen, wie oben erwähnt wurde, Blickkonstellationen eine zentrale Rolle, aber die Kommunikation zwischen Lou und dem Bären geht darüber hinaus. Sie kann treffend mit dem Begriff der „embodied communication" beschrieben werden, den Donna Haraway in Anlehnung an die Forschungsergebnisse der Primatologin Barbara Smuts verwendet: „An embodied communication is more like a dance than a word."[49] Lous anthropomorphe Zuschreibungen an den Bären sind nun keine Vereinnahmungen mehr, sondern sind Ausdruck der Kommunikation und der Nähe der ‚companion species'.[50] Die mythischen Notizen über Bären, die Lou in Colonel Carys Büchern findet, spiegeln diesen Prozess, indem sie demonstrieren, wie Mensch und Bär seit Tausenden von Jahren in den Mythen und Volkssagen unterschiedlichster Kulturen ‚companion species' waren, wie also ihre Geschichte – die durchaus auch Züge des Gewaltsamen trägt – miteinander verwoben und verschränkt ist.

Lous Werden-mit-dem-Bären, ihre Transformation, erreicht ein neues Stadium, als der Bär beginnt, sie sexuell zu befriedigen: Sie fühlt sich zum ersten Mal in ihrem Leben geliebt und erfährt mit dem Bären eine ungeahnte Geborgenheit und körperliche Erfüllung – ihre Verbindung basiert auf reziproker Akzeptanz, die sie bisher in heterogeschlechtlichen Beziehungen nicht erfahren konnte. „They lived sweetly and intensely together."[51] Die symbiotische Beziehung der ‚companion species' beruht darauf, dass beide ihre Differenz respektieren und nicht auf eine Einheit zu reduzieren sind. Lou übertritt

48 Vgl. Meoni: De-Metaphorizing and Becoming Animal, S. 93.

49 Haraway: *When Species Meet*, S. 26.

50 Zur Problematik von anthropomorphen Repräsentationen von Tieren vgl. allgemein Tom Tyler: If Horses Had Hands… In: Ders. / Manuela Rossini (Hrsg.): *Animal Encounters*. Leiden / Boston: Brill 2009, S. 13–26. Vgl. dagegen auch Berger: *Why Look at Animals*, S. 21, sowie Lorraine Daston / Gregg Mitman (Hrsg.): *Thinking With Animals: New Perspectives on Anthropomorphism*. New York: Columbia University Press 2005.

51 Engel: *Bear*, S. 103.

diese Grenze in ihren zunehmenden Auflösungsphantasien: „Bear, [...] I am only a human woman. Tear my thin skin with your clattering claws. I am frail. It is simple for you. Claw out my heart, a grub under a stump. Tear off my head, my bear."[52] In die gleiche Richtung zielt ihr Verschmelzungswunsch mit dem Anderen: Sie möchte mit dem Bären den gesamten Liebesakt vollziehen. Den ersten Versuch, der an der fehlenden Erektion des Bären scheitert, interpretiert sie als Verletzung eines Tabus. Entsprechend empfindet sie beim Blick in den Spiegel die Transformation ihres Selbst als furchteinflößend: „Her hair and her eyes were wild. Her skin was brown and her body was different and her face was not the same face she had seen before. She was frightened of herself."[53] Gerade als sie erkennt, dass sie getrennte Wege gehen müssen und ihre Differenz akzeptiert, „[i]t's over. You have to go to your place and I to mine"[54], stellt sie die Erregung des Bären fest. Durch ihre jeweiligen Verwandlungen erscheint die Anerkennung des Anderen als Gleichartigen im Liebesakt möglich. Lou bietet sich ihm in der „animal posture"[55] an, woraufhin der Bär ausholt und mit seiner Tatze die Haut auf ihrem Rücken zerfetzt. Panisch aufgrund des Bluts schickt sie den Bären aus dem Haus und fällt in einen fiebrigen Schlaf. Der zweite Blick in den Spiegel, der oben bereits zitiert wurde, zeigt ihr eine Andere. Über die Narbe, die ihr der Bär zugefügt hat, heißt es: „I shall keep that, she thought. And it is not the mark of Cain."[56] Sie trägt in sich nun das Zeichen, die Spur des Anderen. „[T]he sacred image of the same"[57], wie Haraway die dominante Ausrichtung der westlichen Kultur benennt, wird ersetzt durch die Erkenntnis des Selbst als Anderem. Eins-Sein ist immer ein Werden-mit-Vielen:

> What had passed to her from him she did not know. Certainly it was not the seed of heroes, or magic, or any astounding virtue, for she continued to be herself: But for one strange, sharp moment she could feel in her pores and the taste of her own mouth that she knew what the world was for. She felt not that she was at last human, but that she was at last clean. Clean and simple and proud.[58]

52 Engel: *Bear*, S. 103.
53 Ebd., S. 108.
54 Ebd., S. 113.
55 Ebd.
56 Ebd., S. 115.
57 Haraway: *When Species Meet*, S. 10.
58 Engel: *Bear*, S. 117.

Die Protagonistin von Engels Roman *Bear* erfährt in der Begegnung mit dem Bären in der kanadischen Wildnis eine Verwandlung: Das Werden-mit-dem-Bären hat Lou letztlich die Erfahrung von Sinn ermöglicht. Ihre Selbstwerdung hat sich am Anderen vollzogen, sie ist geheilt. Bei ihrer Rückreise, die als Gegenbild zu ihrer Ausgangssituation im Keller des Instituts konzipiert ist,[59] begleitet sie der Große Bär: „It was a brilliant night, all star-shine, and overhead the Great Bear and his thirty-seven thousand virgins kept her company."[60] In dem Sternbild – eine der klassischen Verwandlungsformen für Helden in Ovids *Metamorphosen* – findet die unmögliche Liebesbeziehung der ‚companion species' Lou und des im gesamten Text namenlos bleibenden Bären ihre mythische Transformation.[61]

Obwohl die analysierten Konzeptionen metamorphischer Begegnungen bei Haraway und Engel aus verschiedenen Medien stammen, zeigen beide Texte eine vergleichbare zentrifugale Bewegung, die sich eindeutigen, fixierten Bestimmungen und Identitäten widersetzt. Das trifft auf Haraways verdichteten, teilweise fast poetischen Sprachgebrauch in *When Species Meet* zu wie auch auf die komplexe Struktur ihres Textes, die Cynthia Huff und Joel Haefner herausstellen.[62] Besonders deutlich zeigt sich das transgressive Element, das Engels Roman und Haraways theoretischen Text sowie ihre jeweiligen Konzeptionen metamorphischer Begegnungen verbindet, im ‚genre-crossing', worauf in Bezug auf Engels Roman bereits hingewiesen wurde. Die vielfältigen Genreüberschreitungen von Haraways *When Species Meet* betonen Huff und Haefner und kommen zu dem Fazit, „that genre crossing is species crossing for the posthuman subject".[63] Die Übertretungen eindeutiger Genrezuschreibungen bilden, so die Autoren, einen Gegensatz „to the Linnaean system of classification that has stood as the bulwark for demarcating species boundaries, and has ordered our world and perceptions according to a systematic, hierarchical arrangement".[64]

59 Vgl. Meoni: De-Metaphorizing and Becoming Animal, S. 90.

60 Engel: *Bear*, S. 122.

61 Vgl. dazu auch Howells: Marian Engel's *Bear*, S. 112.

62 Vgl. Cynthia Huff / Joel Haefner: His Master's Voice: Animalographies, Life Writing, and the Posthuman. In: *Biography. An Interdisciplinary Quarterly* 35 (2012), S. 153–169, bes. S. 162–169.

63 Ebd., S. 166.

64 Ebd.

Donna Haraways *When Species Meet* und Marian Engels *Bear* stellen feministische Versionen metamorphischer Begegnungen des Menschen mit dem nicht-menschlichen Anderen dar, wobei der Bär eine extreme Variante des domestizierten Tiers ist, das Haraway vor Augen hat. Von der Wiederverknüpfung der ‚Knoten' zwischen den verschiedenen Spezies erhofft sich Haraway – und das kann auch für Engel in Anspruch genommen werden – eine „alter-globalisation", die ein gerechteres und friedlicheres Miteinander zum Ziel hat.[65]

65 Haraway: *When Species Meet*, S. 3.

Jenseits des Gestaltwandels

Agencements, Tier-Werden und affektive Transformationen

Markus Kurth

Eine Mensch und Tier umfassende Metamorphose beschreibt in der Literatur zumeist eine Verwandlung oder einen Übertritt eines Menschen aus der Welt der staatlichen Gemeinschaft und Menschengesellschaft in die Sphäre des Tierreichs[1] – seltener umgekehrt.[2] Es ist eine Idee von Gestaltwandel, einer schlichten Verschmelzung mit dem Tierlichen auf der Ebene der Organe und der Morphologie. Präsent bleibt dabei immer die Eindeutigkeit der Spezies: Das verwandelte Individuum kennzeichnen die speziestypischen kognitiven und emotionalen Eigenschaften der Herkunfts- und/oder Zielspezies der Verwandlung. Erhalten bleiben auch die sorgsam getrennten Sphären des Menschlichen und Tierlichen, der verschiedenartigen Körper und spezifischen Vermögens- und Verhaltenszuschreibungen. In einer solchen Metamorphose wird das Verlassen des Menschseins in Richtung Tier vielfach gelesen als Bestrafung, Ausschluss und Regression – gleich, ob dieser Verwandlung göttliche Allmacht oder menschliche Wünsche zugrunde liegen.[3]

Unterhalb dieser Ebene liegt jedoch eine andere Form des Wandels, die nicht an der Gestalt abgelesen werden kann und sich den stereotypen Zuschreibungen von Spezies entzieht: Das *Tier-Werden* in der Konzeption von Gilles Deleuze und Félix Guattari.[4] Über den Anthropozentrismus einer Metamorphose des magischen Spezieswechsels hinausweisend, ist nicht die Identifikation mit einem Tier der Endzustand, kein Tier-Sein, sondern ein Werden, das die beteiligten Entitäten verwandelt – auch ohne offensichtlichen Gestaltwandel.

1 Vgl. Anne von der Heiden: „Et in Arcadia ego". Metamorphosen. In: Dies. / Joseph Vogl (Hrsg.): *Politische Zoologie.* Zürich / Berlin: Diaphanes 2007, S. 91–118, hier S. 92ff.

2 Willem de Blécourt: Animal Shapeshifting: Between Literature and Everyday Life. An Introduction. In: Ders. / Christa Agnes Tuczay (Hrsg.): *Tierverwandlungen. Codierungen und Diskurse.* Tübingen: Francke 2011, S. 7–12.

3 Vgl. Von der Heiden: „Et in Arcadia ego", S. 97.

4 Gilles Deleuze / Félix Guattari: *Tausend Plateaus. Kapitalismus und Schizophrenie II.* Berlin: Merve 1992, bes. S. 317–422.

Es ist dies der Versuch das Menschliche nicht nach Form und Funktion, sondern mit „affects, intensities, and flows of movement as means to describe and value life“[5], zu definieren. Das Tier-Werden bietet ungebrochene Inspiration für deleuzianisch geprägte Spielarten der New Materialisms[6] und den Affective Turn[7]. Bereichernd wirkt das Konzept auch in die posthumanistische Diskussion in den Animal Studies[8] hinein – und das obwohl der Prozess des Werdens gesellschaftliche Mensch-Tier-Verhältnisse nicht explizit in den Blick nimmt.[9]
Im Folgenden werden insbesondere das dem Tier-Werden zugrunde liegende Körperverständnis und die Erweiterungen aus Affekttheorie und Jane Bennetts *vital materialism*[10] benutzt, um die *agencements*[11] zu verstehen, in welchen Körper transformiert und Handlungsmacht neu verteilt werden. Ziel wird sein, eine alternative Geschichte der Metamorphose zu erzählen, welche insbesondere die ‚Verwandlungen‘ konkreter Individuen in konkreten Gefügen dem unzulässig generalisierenden Konzept der Spezies entgegenstellt. Nicht zuletzt ist dies auch ein Unterfangen, welches nach den ethischen Konsequenzen einer solchen Konzeptualisierung fragt.

Was ist ein Körper?

Klar voneinander abgrenzbare menschliche und nichtmenschliche Körper, die jeweils für sich genommen erklärbar sind und in sozialen Hierarchien zueinander angeordnet werden, versprechen eine

5 Kari Weil: A Report on Animal Turn. In: *differences* 21,2 (2010), S. 1–23, hier S. 11.

6 Vgl. Rosi Braidotti: *Metamorphoses. Towards a Materialist Theory of Becoming*. Cambridge: Polity Press 2002; Diana Coole / Samantha Frost (Hrsg.): *New Materialisms. Ontology, Agency and Politics*. Durham / London: Duke University Press 2010.

7 Vgl. Patricia Tincineto Clough / Jean Halley (Hrsg.): *The Affective Turn. Theorizing the Social*. Durham / London: Duke University Press 2007.

8 Weil: A Report on Animal Turn, S. 11.

9 Vgl. Lori Brown: Becoming-Animal in the Flesh: Expanding the Ethical Reach of Deleuze and Guattari's Tenth Plateau. In: *PhaenEx* 2,2 (2007), S. 260–278, hier S. 262–263.

10 Jane Bennett: *Vibrant Matter. A Political Ecology of Things*. Durham / London: Duke University Press 2010.

11 Im Deutschen bekommt der Begriff *agencement* leider die unglückliche Übersetzung „Gefüge“. Anders als dieser Begriff (oder auch die englische Übersetzung *assemblage*) nahelegt, liegt der Fokus jedoch gerade nicht auf festgefügten Teilen, sondern auf den fluiden Beziehungen der Entitäten zueinander, vgl. auch John Phillips: Agencement / Assemblage. In: *Theory, Culture & Society* 2–3 (2006), S. 108–109.

saubere Aufteilung der Welt. Diese territorialisierten, molaren Entitäten, verstellen allerdings den Blick auf ihre immer schon kontaminierte Herstellung. Unterhalb dieser Ebene der unterscheidbaren Körper wimmelt es nämlich ganz gehörig. Im Rekurs auf die monistischen Vorstellungen von Baruch de Spinoza, sind für Deleuze und Guattari die festgefügten Körper immer schon zusammengesetzt aus Mannigfaltigkeiten und jeweils nur eine mögliche Abweichung des multiplen Einen.[12] Nun geht es Deleuze und Guattari nicht um eine Ursubstanz alles Bestehenden, wohl aber um eine gemeinsame Ebene, auf der alles frei von Form und Gestalt, Absicht und Funktion, aufbaut: „Ein einziges abstraktes Tier für alle Gefüge, in denen es realisiert wird. Ein und dieselbe Konsistenz- oder Kompositionsebene für den Kopffüßler und das Wirbeltier“[13]. Auf dieser Ebene unterscheiden sich die Mannigfaltigkeiten auf nur zwei Skalen: Bewegung und Ruhe sowie Langsamkeit und Schnelligkeit. Realisieren sich nun diese unzähligen Elemente zu den bereits bekannten, unterscheidbaren Individuen, lassen diese sich bereits als ‚vorläufige Ergebnisse‘ der Beziehungen von Entitäten charakterisieren. Da die Verbindungen nur konkret im jeweiligen Gefüge bestehen, verliert sich dessen Spezifik in einer abstrahierenden Taxonomisierung von Körpern. Stattdessen bedarf es einer *Ethologie*[14], welche all jene erforscht, die bisher ungenau – etwa als ein Mensch, ein Pferd oder eine Dohle – bezeichnet wurden. Angekommen beim vermeintlichen Grundelement der meisten Sozialtheorien stehen wir so bereits einem ganzen Kosmos gegenüber: „So ist jedes Individuum eine unendliche Mannigfaltigkeit, und die ganze Natur ist eine Mannigfaltigkeit aus vollkommen individuierten Mannigfaltigkeiten“[15].

Affektives Werden

Stellt sich nun die Frage, wie die konkreten Tiere und Menschen identifiziert werden, wenn nicht über die Unterschiede ihrer Organe.

12 Vgl. Deleuze / Guattari: *Tausend Plateaus*, S. 347. Unerwähnt bleibt in *Tausend Plateaus* die einflussreiche leibnizsche Monadenlehre, welche jedoch vermittelt über das Werk Gabriel Tardes Eingang in die Überlegungen findet, vgl. Gottfried Wilhelm Leibniz: *Monadologie* [1720]. Stuttgart: Reclam 2005, sowie Gabriel Tarde: *Monadologie und Soziologie* [1893]. Frankfurt am Main: Suhrkamp 2009.

13 Deleuze / Guattari: *Tausend Plateaus*, S. 348.

14 Gilles Deleuze: *Spinoza. Praktische Philosophie*. Berlin: Merve 1988, S. 38–39.

15 Deleuze / Guattari: *Tausend Plateaus*, S. 346.

Eine Antwort lautet: über ihre affektiven Fähigkeiten.[16] In der Folge können wir nur wissen, was ein Körper ist, wenn wir wissen, was er vermag – welche affektiven Fähigkeiten er besitzt. Und er vermag nichts für sich genommen, sondern immer nur in den konkreten Gefügen, in denen er sich realisiert: „So werden die Tiere weniger durch abstrakte Begriffe wie Art und Gattung definiert, als durch eine Macht, affiziert zu werden, durch die Affektionen, zu denen sie ‚fähig' sind, und durch die Reize, auf die sie in den Grenzen ihres Vermögens reagieren."[17]

Lesen wir Mensch-Tier-Interaktionen im Anschluss etwa an den vitalistischen Materialismus mit Affekten, so können diese mit Robert Seyfert als „quasi-universale Interaktionsformen"[18] verstanden werden, welche die Wechselwirkungen von Körpern beschreiben. Diese Kraft ist nicht (inter-)subjektiv, sondern unpersönlich: „an affect intrinsic to forms that cannot be imagined (even ideally) as persons"[19]. Die betreffenden Körper müssen nicht menschlich, ja nicht einmal organisch sein: „Ein Affekt emergiert […] in der Begegnung von Körpern (die auch imaginärer Art sein können)."[20] Die Kapazitäten affiziert zu werden und zu affizieren sind zwischen den Körpern höchst unterschiedlich, eine Interaktion gelingt erst, wenn es Körpern gelingt auf einer gemeinsamen Affektfrequenz zu kommunizieren. Doch dann zirkulieren die Affekte, Partikel gehen über, ein Sog führt tief ins Werden hinein.

Das Werden ist keine Evolution, zumindest keine, die über Begriffe wie Abstammung oder Herkunft zu denken ist, vielmehr entsteht ein Werden durch Symbiosen von Menschen, Tieren und Pflanzen. Diese heterogenen Bündnisse wollen Deleuze/Guattari als *Involution* verstanden wisssen, was bedeutet, „daß ein Block gebildet wird, der sich an seiner eigenen Linie entlang bewegt, ‚zwischen' vorhandenen Termen und unterhalb bestimmter Beziehungen."[21] Dieser *Block des Werdens* ist nicht durch Nachahmung oder Identifikation, ja nicht einmal über Korrespondenzbeziehungen zu bilden. Es geht

16 Vgl. Deleuze / Guattari: *Tausend Plateaus*, S. 350–351.

17 Deleuze: *Spinoza*, S. 38–39.

18 Robert Seyfert: Atmosphären – Transmissionen – Interaktionen: Zu einer Theorie sozialer Affekte. In: *Soziale Systeme* 17,1 (2011), S 73–96, hier S. 76.

19 Jane Bennett: *Vibrant Matter*, S. xii.

20 Seyfert: Atmosphären – Transmissionen – Interaktionen, S. 76.

21 Deleuze / Guattari: *Tausend Plateaus*, S. 325.

darum, dass etwas Neues entsteht, ein Block des Werdens, der nicht das gewordene Tier oder ein von ihm unterscheidbares Subjekt zum Endzustand hat.[22] So heißt es denn auch:

> Werden heißt, ausgehend von Formen, die man hat, vom Subjekt, das man ist, von Organen, die man besitzt, oder von Funktionen, die man erfüllt, Partikel herauszulösen, zwischen denen man Beziehungen von Bewegung und Ruhe, Schnelligkeit und Langsamkeit herstellt, die dem, was man wird und wodurch man wird, *am nächsten* sind. In diesem Sinne ist das Werden der Prozeß des Begehrens. Dieses Prinzip der Nähe oder der Annäherung ist ganz eigentümlich und […] verweist so strikt wie nur möglich auf eine *Zone der Nachbarschaft oder der Kopräsenz* eines Partikels, auf die Bewegung, in die jeder Partikel gerät, wenn er sich in dieser Zone befindet.[23]

So löst ein Tier-Werden Affekte aus, die das menschliche Individuum erfassen, es taumeln lassen und, „wenn auch nur für einen Augenblick, aus der Menschheit herausreißen"[24]. In einer Zone der Nachbarschaft verbindet sich eine wortlose Sprache, eine formlose Materie und eine subjektlose Affizierbarkeit – statt getrennter Ordnungen gibt es Kontaminationen und Vereinigungen an allen Ecken und Enden organischen Lebens.[25] Diese *widernatürlichen Anteilnahmen*, diese Ansteckungen und Epidemien führen in ein Gefüge heterogener Terme. Eben diese menschlich-nichtmenschlichen Gefüge sind die Orte des Tier-Werdens eines Menschen, an denen der „Mensch paradoxerweise seine eigenen ‚instinktiven Kräfte' zähmt, während das Tier ihm ‚erworbene' Kräfte übermittelt. Umkehrung, widernatürliche Anteilnahme."[26]

Die gemeinsame Frequenz: Der „kluge Hans"

Wie ist nun eine solche Metamorphose vorstellbar? Zum Beispiel mit dem „klugen Hans", jenem Pferd, das zu Beginn des 20. Jahrhunderts in Berlin damit Aufsehen erregte, dass es per richtiger Anzahl der Hufschläge mathematische Probleme lösen konnte. Der Psychologe Oskar Pfungst untersuchte diesen rätselhaften Vorgang und stellte fest, dass der „kluge Hans" minimale Körperbewegungen der fragenden Menschen lesen konnte, welche weder sie selbst noch die

22 Vgl. ebd., S. 326.
23 Ebd., S. 371. (Herv. im Orig.)
24 Ebd., S. 328.
25 Vgl. ebd., S. 329–330.
26 Ebd., S. 353.

Umstehenden bemerkten.[27] Hinzukommt, dass verschiedene Fragende zu Beginn oder über die Zeit bessere und schlechtere Ergebnisse erzielten, manche nur zufällig, andere regelmäßig. Vinciane Despret erklärt dies mit deren verschiedenen affektiven Voraussetzungen. Neben „trust" und „interest", müssen sie auch über entsprechende „talented bodies" verfügen, um Hans für richtige Antworten zu affizieren.[28] Dies können sie nur, indem sie von Hans die erforderlichen Bewegungen erlernen: „Hans has made them move otherwise, he changed the habits of their bodies and made them talk another language. He taught them how to be affected differently in order to affect differently"[29]. Die Affekte müssen entsprechend zirkulieren zwischen den Beteiligten, um das ‚richtige Ergebnis' zu erzielen. Die Körper der beteiligten Menschen sind nicht in einer gleichen Weise affizierbar, nur weil sie qua Spezies gleiche organische Voraussetzungen besitzen. Vielmehr liegt es an ihnen, ihre rezeptiven Affektfähigkeiten zu trainieren, um „sich auf identischen Interaktionskanälen und -frequenzen [zu] affizieren"[30]. Weiterhin müssen sowohl Hans als auch die Fragenden ein Interesse am positiven Ausgang des Spiels haben. Beide sind Ursache und Wirkung der gegenseitigen Bewegungen, deren Lesart und Ausübung sie während des Spiels am Gegenüber erlernen und in Einklang bringen. Beide lassen sich affizieren und werden affiziert. Beide führen und werden geführt.[31] Die Fragenden werden in ein Werden hineingezogen, das über die Speziesgrenze hinausgeht, es erschafft neue Affekte, neue Bewegungen – in gewisser Weise emergieren neue Körper durch ihre neuen Fähigkeiten. Auch der „kluge Hans" ist in seinen affektiven Kapazitäten nicht auf sein Pferd-Sein reduzierbar (welches ihm allerdings allgemein das Muskellesen erleichtert), sondern entwickelt seine ‚Rechenkünste' in einem gemeinsamen affektiven Werden mit denjenigen, die mit ihm auf der gemeinsam entwickelten Affektfrequenz kommunizieren können.
Das Gefüge, welches zwischen Hans und den Fragenden entsteht, wird über das gegenseitige Interesse am Spiel aufrechterhalten. Das Tier-Werden benötigt entsprechend mehr als die talentierten Körper:

27 Vinciane Despret: The Body We Care for: Figures of Anthropo-zoo-genesis. In: *Body & Society*, 10,2/3 (2004), S. 111–134, hier S. 113.

28 Ebd., S. 114.

29 Ebd., S. 116.

30 Seyfert: Atmosphären – Transmissionen – Interaktionen, S. 78.

31 Vgl. Despret: The Body We Care for, S. 115–116.

gegenseitiges Vertrauen, Glaube und Interesse führen zur gemeinsamen Metamorphose, zur widernatürlichen Anteilnahme, zur Symbiose – oder wie Despret es nennt, zur *anthropo-zoo-genesis*.

Die Ethik des Tier-Werdens: Konrad Lorenz und die Zonen der Nachbarschaft

Ein weiteres Beispiel Desprets kann verdeutlichen, welche ethischen Implikationen das Tier-Werden begleiten. Sie schreibt über Konrad Lorenz, der aus der Sicht einer Dohle schreibt, die mit ihm zusammenlebt.[32] Viele Fragen tauchen auf: Anthropomorphisiert eine solche Schreibweise die Dohle, welche nun eine menschliche Geschichte mit menschlichen Worten beschreibt? Oder ist es die authentische Transformation von Konrad Lorenz in eine Dohle und er schreibt zoomorphistisch, nachdem er sich selbst zoomorphisiert – den Platz der Dohle eingenommen – hat? Beide Verteilungen würden schlicht anhand von Analogien menschliche Empathie übertragen. Aber als Lorenz der bettelnden Dohle in der Zoohandlung nicht widerstehen konnte, geschah etwas anderes: „Certainly, Lorenz, while being affected by the begging of the bird, metamorphosed himself“[33]. Die Dohle hat ihm eine neue Identität angeboten, im Gegenzug „Lorenz gave his birds the opportunity to behave like humans, as much as his birds gave him the opportunity to behave like a bird. They both created new articulations, which authorized them to talk (or to make the other talk) differently”[34]. Diese neue Identität ist für Lorenz eine Erweiterung, ein neuer Weg, eine neue Definition des Menschseins. Er wird kein *Dohlen-Junges* oder eine *Gänse-Mutter*, sondern eine *Dohle-mit-Mensch* und *mit einer Gans-mit-Mensch*.[35] Ermöglicht wird seine Metamorphose durch den Willen zur Erprobung neuer Affektfrequenzen: „Lorenz produces a goose's body to allow a goose's world to affect him (and also to allow a human's world to affect a goose). He learns to be affected“[36].

32 Vgl. ebd., S. 128ff.

33 Ebd., S. 128.

34 Ebd., S. 130.

35 Vgl. ebd., S. 131. Hier stößt eine Sprache, die an Spezies gewöhnt ist, an ihre Grenzen und Despret mit ihr. Gans und Mensch sind hier konkrete Partner_innen einer Interaktion und nicht (nur) Vertreter_innen ihrer Spezies. Es sind die beiden Pole in der Beziehung – der Mensch Konrad Lorenz und die Gans Marina.

36 Ebd.

Beschreiben wir die beteiligten Körper allein über ihre Affekte, dringen wir in die *Zone der Nachbarschaft*, die *Zone der Kopräsenz* vor.[37] Beide sind derart miteinander verknüpft, dass eine Trennung des Menschen Konrad Lorenz etwa von der Gans Marina ein Gefüge samt zugehöriger Kapazitäten zerschneiden müsste und eine bedeutend ärmere Welt zurücklassen würde: Molare Entitäten ohne Bezug, Mensch und Tier ohne Beziehung, Lorenz ohne Marina-Affekte, Marina ohne Lorenz-Affekte.[38] Stattdessen verbinden sich Partikel in widernatürlicher Anteilnahme „zu ein und demselben Molekül"[39] in einem gemeinsamen Werden, das involutiv, unentwirrbar und nicht auf Spezies oder Abstammung zurückzuführen ist.

Eine solche Zone der Nachbarschaft markiert die ethische Dimension des Tier-Werdens. In einer Bewegung, welche mehr als nur eine der beteiligten Entitäten umgestaltet, liegt ein Potenzial, welches eine Interaktion auf der Grundlage von Mitgefühl übersteigt. Enthält Empathie zwar begrüßenswerte Aspekte, verharrt sie doch darin, ein mitfühlendes Subjekt zu konstruieren, welchem ein Objekt des Mitgefühls gegenübersteht: „ Empathy allows us to talk about what it is to be (like) the other, but does not raise the question ‚what it is to be ›with‹ the other'."[40] Gerade die Gegenseitigkeit, die gemeinsame Veränderung in widernatürlicher Anteilnahme überschreitet eine solche paternalistische Perspektive auf das nichtmenschliche Tier und ermöglicht eine Verwandlung. Als aktiv Beteiligte konzeptualisiert, kann ein neuer Blick auf nichtmenschliche Agency geworfen und ein Potenzial formuliert werden, um die gegenwärtigen hierarchischen Mensch-Tier-Verhältnisse in einer Mikropolitik konkret zu übersteigen.

An vielen Orten ist ein gemeinsames Werden nicht vorgesehen. Nichtmenschliche Tiere werden (etwa in der Tierhaltung) bewusst distanziert. Ihre affektiven Fähigkeiten werden in Gefangenschaft derart beschnitten, dass keine gemeinsamen Affektfrequenzen für etwaige

37 Vgl. Deleuze / Guattari: *Tausend Plateaus*, S. 371.

38 Die Trennung der Affekte ist nur heuristisch und in einem funktionierenden Werden nicht mehr in dieser Art möglich. Lorenz lernt zwar Affekte von Marina und umgekehrt, aber diese werden zu gemeinsamen Affekten der gemeinsamen Interaktion.

39 Deleuze / Guattari: *Tausend Plateaus*, S. 371.

40 Despret: The Body We Care for, S. 128.

Affektzirkulationen zur Verfügung stehen.[41] Die Gefahr, ungleiche Beziehungen affirmativ als Werdensprozesse zu lesen, sollte dennoch nicht unterschätzt werden.

Nehmen wir das Tier-Werden als Prozess in nicht/menschlichen Gefügen und die Idee unpersönlicher Affekte ernst, können wir die affektiven Metamorphosen auch vitalistisch-materialistisch in Plätze ohne direkte tierliche Interaktion mit Menschen verlagern.

Plastikmetamorphosen

Ein letzter Schritt soll nun gegangen werden. Wir stehen vor einem gänzlich neuen Körperverständnis, welches auf affektivem Vermögen basiert. Eine Metamorphose dieses Körpers ist entsprechend im Emergieren mit anderen Körpern hin zu einem gesteigerten (oder geschwächten) Vermögen, neuen oder blockierten Affektfrequenzen etc. zu verorten. Begreifen wir diese Metamorphose von Beginn an als Verwirklichung in einem Gefüge verschiedenster Körper, können wir das Tier-Werden überschreiten in Richtung Netzwerktheorie.

Ein ganz einfaches und doch so schlagendes Beispiel für ein Gefüge ganz verschiedener Körper ist Plastikabfall. Genauer gesagt, die Plastikstrudel in den Weltmeeren, welche das Leben dort verändern.[42] In einem solchen Gefüge finden wir neben dem Wasser, den Meerestieren, den verschiedenen Kunststoffen auch die Menschen als Produzent_innen des Plastikabfalls. Gerade letztere sind jedoch in diesem Gefüge besonders ohnmächtig. Die Fähigkeit zur Erzeugung und Nutzung des Plastiks geht keineswegs mit der Beherrschung aller Konsequenzen einher. Die Tiere im Meer hingegen eignen sich ihre neuen Nachbarkörper an, lassen sich von ihnen affizieren und verändern das Gefüge. Dabei unterscheiden sich der Umgang mit dem Plastik und die Folgen für das Gefüge massiv.[43] So siedeln sich verschiedene Tiere auf gesunkenem Plastik an, Vögel nutzen Verpackungsteile zum Nestbau oder Einsiedlerkrebse als neues Gehäuse.

41 Vgl. Barbara Noske: *Die Entfremdung der Lebewesen. Die Ausbeutung im tierindustriellen Komplex und die gesellschaftliche Konstruktion von Speziesgrenzen.* Wien: Guthmann-Peterson 2008, S. 50ff.

42 Prominent verarbeitet in der Ausstellung „Endstation Meer? Das Plastikmüll-Projekt“ des Museums für Gestaltung Zürich (MfGZ), vgl. MfGZ: Plastikmüllstrudel. http://www.plasticgarbageproject.org/de/themen/probleme/plastikmuellstrudel/ (Zugriff am 23.04.2013).

43 MfGZ: Auswirkungen auf die Tierwelt. http://www.plasticgarbageproject.org/de/themen/probleme/auswirkungen-tierwelt/ (Zugriff am 23.04.2013).

Das Plastik wird als Baustoff in das Gefüge integriert und ersetzt natürliche Materialien. Letzterer Umstand wird insbesondere dann relevant, wenn Plastik als Transportmittel etwa für Insekteneier benutzt wird. Ist die Eiablage bestimmter Tier- und Pflanzenarten auf schwimmendes Trägermaterial angewiesen, so zerfielen doch die bisher benutzten pflanzlichen Trägerstoffe recht schnell – und dadurch war die zurückgelegte Distanz vergleichsweise gering. Mittels schwimmendem Plastik hingegen werden die Nachkommen über weite Strecken in Ökosysteme getragen, die sie mit ihrer bloßen Anwesenheit nachhaltig verändern. Eine letzte Aneignung des Plastiks erfolgt über die Mägen von Vögeln und Schildkröten, welche das Plastik mit Nahrung verwechseln. Innere Verletzungen oder das Verhungern mit einem Magen voller unverdaulichem Plastik sind eine Folge, zermahlenes und wieder ausgeschiedenes Mikroplastik eine andere. Über den Wasserkreislauf und die Nahrungskette gelangt dieses Mikroplastik bis in die menschlichen Körper.[44]

Wird der Fokus zunächst auf die am Gefüge beteiligten Tiere gelegt, so lassen sich in affekttheoretischer Lesart tierliche Metamorphosen beobachten. Die vom Plastik affizierten Körper verwandeln sich im Zusammenkommen mit den Abfällen, ihr Vermögen verändert sich. Neben einer möglichen Erweiterung des Vermögens (eine Plastikflasche als Gehäuse) auch als Verminderung (Verletzungen durch verspeistes Plastik) bis hin zum Tod.

Darüberhinaus kann dieses Beispiel aber deutlich mehr zeigen. Diese Metamorphosen überschreiten mit ihren Beteiligten nicht nur Mensch-Tier-Grenzen, sondern ebenso Natur und Kultur sowie Technik/Gesellschaft und Natur. Und auch die Fragen nach Agency drängen sich auf, wenn menschlich produziertes Plastik jenseits des menschlichen Zugriffs auf den Weltmeeren neue folgenreiche Konstellationen für Menschen, Tiere und Ökosysteme eingeht.

Nicht nur dem Plastik, welches u. a. über Umwege Trinkwasser verschmutzt, kommt hier eine *vital materiality* im Sinne Bennetts als „accumulating pile of lively and potentially dangerous matter"[45] zu. Ihre Theorie einer *distributive agency*[46] ermöglicht alle beteiligten

44 MfGZ: Mikroplastik. http://www.plasticgarbageproject.org/de/themen/probleme/mikroplastik/ (Zugriff am 23.04.2013).

45 Bennett: *Vibrant Matter*, S. viii.

46 Vgl. ebd., S. 31ff.

Entitäten an diesem Gefüge als aktiv zu denken. Statt Handlungsvermögen allein in menschlichen Körpern oder menschlichen Leistungen zu lokalisieren – ohne „humanity's awesome, awful powers"[47] zu leugnen – ist die Agency ihrem Konzept nach „distributed across an ontologically heterogeneous field."[48] Insofern wird auch Wert neu verteilt und eine Verwandtschaft institutionalisiert, denn alle, Menschen, nichtmenschliche Tiere, Dinge, sind unentwirrbar verstrickte Teile eines Netzwerks von Verbindungen, können nicht davon getrennt werden.[49] Wenn die Meerestiere also mit dem menschlich produzierten Plastikmüll Verbindungen eingehen, verwandeln sie nicht nur ihre eigenen Körper, sie verändern auch das Gefüge, in dem sie leben.

Affektive Metamorphosen

Affektive Metamorphosen können eine gewinnbringende Lesart für Mensch-Tier-Interaktionen liefern, welche über die derzeitigen gesellschaftlichen Mensch-Tier-Verhältnisse hinausweisen: Sei es das gegenseitige Erlernen von Fähigkeiten, das Interesse am Finden einer gemeinsamen Affektfrequenz, das Bilden von Gefügen, die über das Menschsein hinausgehen, oder der Blick auf die Beziehungen der Körper und das Verstehen von Handeln in *agencements* aus einer post-anthropozentrischen Perspektive.

Eine Näherung über das Tier-Werden als Affekttheorie stellt uns präzisere Werkzeuge zur Beschreibung von Mensch-Tier-Relationen bereit. Handeln, Aktivität und Veränderung gehen nicht mehr nur vom Menschen aus. Als Ethologie verstanden, richtet sich der Fokus auf komplexe Gefüge, in denen heterogene Entitäten affiziert werden und selbst affizieren.

Auf der Ebene der Ethik kann das Tier-Werden als Mikropolitik im Sinne des Minoritär-Werdens wirken. Die Idee der widernatürlichen Anteilnahme kann ein ethischer Anfangs-Impuls sein, um nichtmenschliche Tiere in die menschlichen Lebenswelten und Ethiken mit einzubeziehen. In Gesellschaften, in denen die Mehrzahl der Menschen nur noch auf dem Teller oder im Zoo mit Tieren in Kontakt kommen,[50] kann das Tier-Werden eine simple und doch

47 Ebd., S. 10.

48 Ebd., S. 23.

49 Vgl. ebd., S. 13.

50 Vgl. Margo DeMello: *Animals and Society. An Introduction to Human-Animal Studies.* New York: Columbia University Press 2012, S. 99ff.

fundamentale Lektion vermitteln: wechselseitige Relationen – widernatürliche Anteilnahmen – sind ein Grundstein für ein verändertes Mensch-Tier-Verhältnis.

Zu fragen bleibt, inwiefern diese neue Lesart auf die Mensch-Tier-Verhältnisse wirkt. Zerstört beispielsweise ein Tier-Werden nachhaltig anthropozentrische Subjekt(selbst)verständnisse und regt es zu neuen Distributionen, etwa von Agency-Zuschreibungen, an? Reicht ein neudefiniertes Menschsein über die konkrete Interaktion hinaus und welche Verhältnisse berührt es? Heißt *Dohle-mit-Mensch* andere Tiere weniger zu verachten?

Eines steht fest: die Kategorie Spezies reicht nicht aus, um die vielfältigen Interaktionen zwischen Menschen und Tieren zu erklären. Die Organe, die Morphologie, die Proportionen und ihre Erklärung, was ein Körper *ist*, weichen der Analyse der affektiven Fähigkeiten und dessen, was ein Körper im Zusammenspiel mit weiteren Körpern *vermag*. Und das ist keinesfalls mit Spezieszugehörigkeit hinreichend zu bestimmen, sondern unterliegt beständig neuen Metamorphosen.

Volker Eichelmann

Metamorphosis
(I wanna know, yeah, I wanna know)
(2013)

North America: Alaskan Eskimo 191

nple of Zeus at Olympia: The Lapithan woman from the upper three-figure group shown in Plate 116

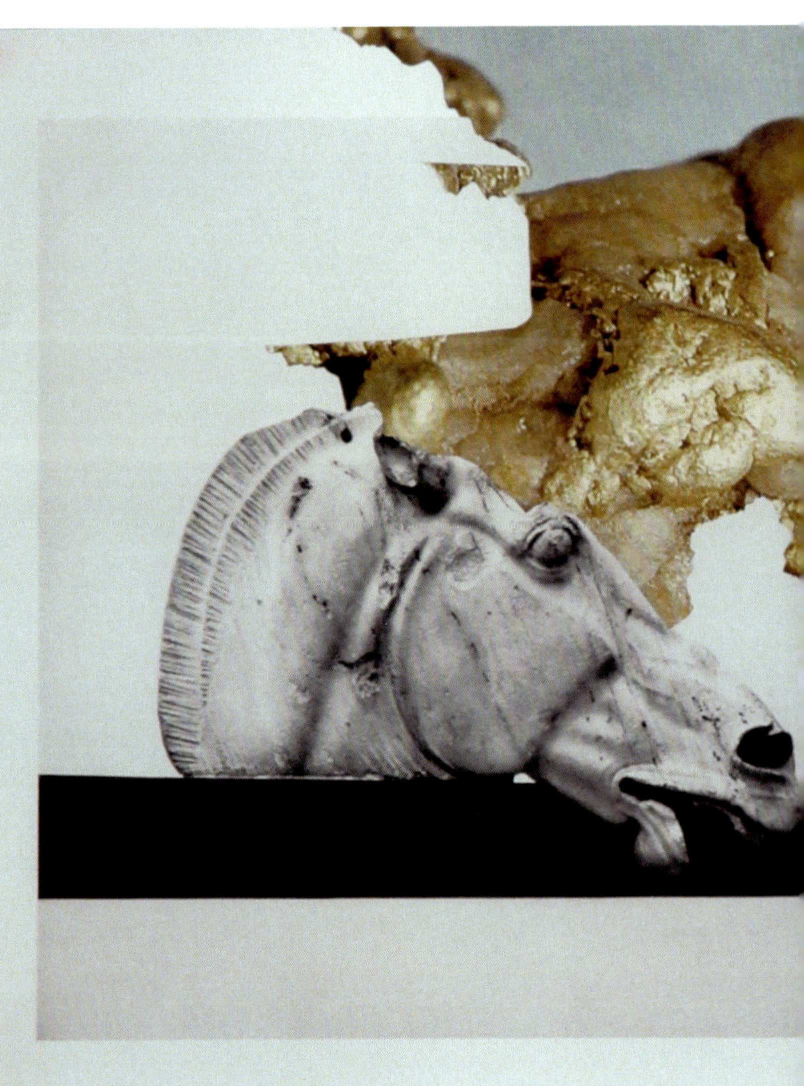

167 From the Parthenon on the Athenian Acropolis.
From the east pediment: Horse's head from Selene's quadriga. Marble from Mount Pentelicus. London

Hörner / Antlfinger

Kramfors
(2012)

KRAMFORS (2012)

Installation
Kalb, genäht, Leder
Abgezogenes IKEA-Sofa, Schaumstoff, Sperrholz, Metall
Video, HD, 4:00 min, Farbe, ohne Ton
Schnittmuster auf Papier (90cm x 420cm)

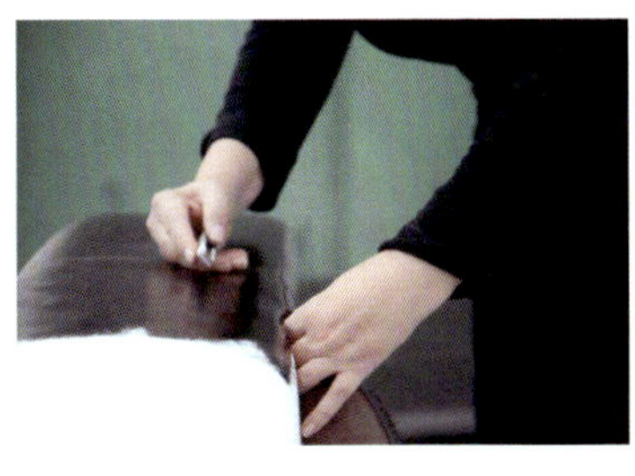

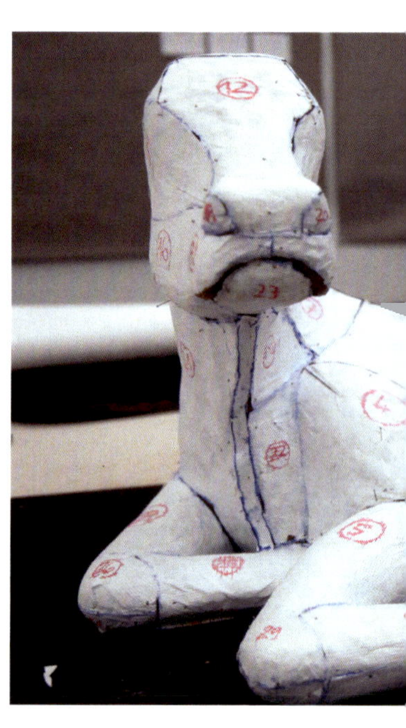

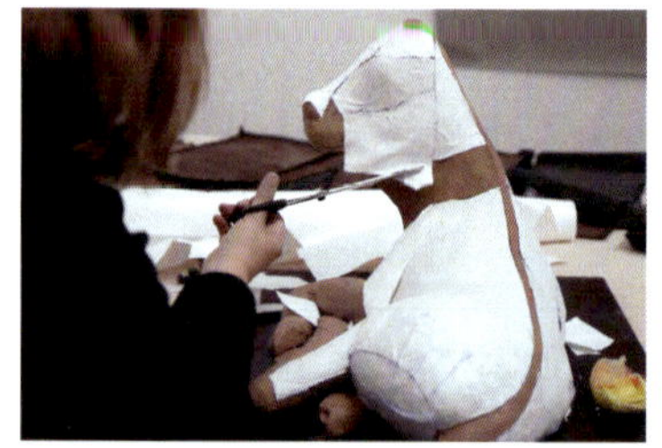

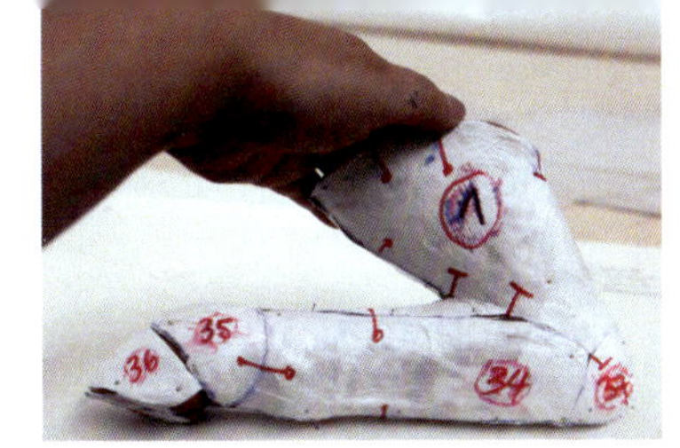
36
35
34

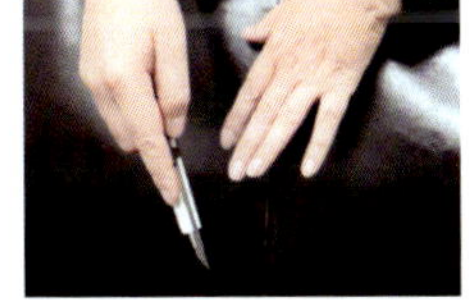

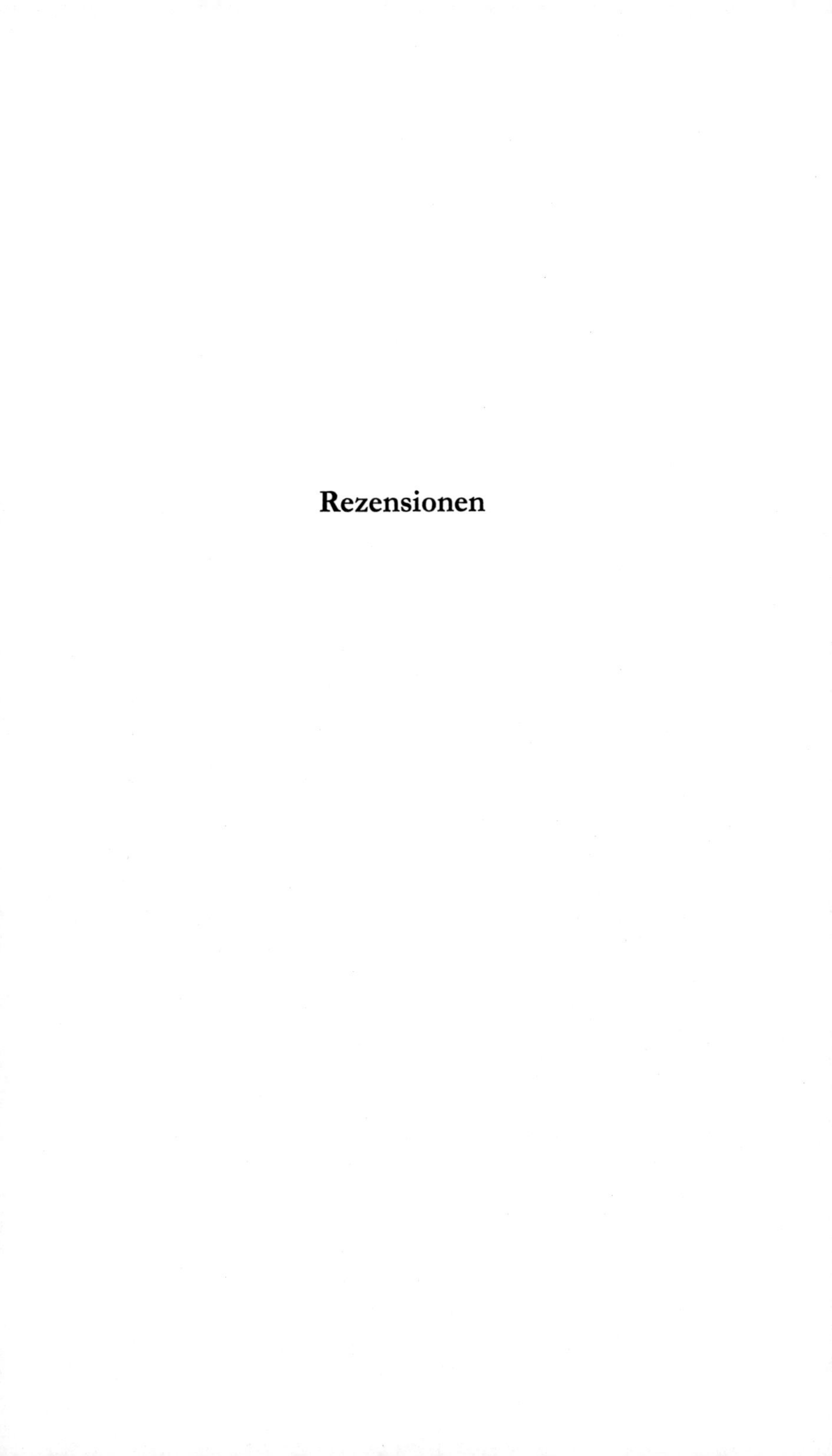

Rezensionen

Tiere schützen im Kollektiv

Herwig Grimm / Carola Otterstedt (Hrsg.): *Das Tier an sich. Disziplinenübergreifende Perspektiven für neue Wege im wissenschaftsbasierten Tierschutz.*

Rezensiert von Anne Franciska Pusch

Was in aktueller Forschungsliteratur auf dem Gebiet der Human-Animal Studies oft vermisst wird, findet sich hier: Das konkrete Tier. Zwar begegnen wir in diesem interdisziplinären Sammelband zum Tierschutz abstrakten, semiotischen und diegetischen Tieren bei Roland Borgards, aber auch echten Tieren. Hühnern, Puten und Gänsen etwa, denen aus ökonomischen Gründen keine Zeit zum Sterben bleibt, wie Christoph Maisack anhand von Verstößen gegen das Tierschutzgesetz bei der Geflügelschlachtung am Fließband zeigt. Die Vollzugsschwäche des Tierschutzes und die strukturelle Schwäche, die sich dadurch begründet, dass Tierschutzbelange nicht einklagbar sind, hebt er in seinem rechtswissenschaftlichen Beitrag anschaulich hervor. Andreas Steiger und Samuel Camenzind verbinden veterinärmedizinische Tatbestände mit philosophischen Ansätzen, wenn sie auf Phänomene in der Heimtierhaltung, wie etwa übertriebene Tierliebe oder mangelhafte Haltung von Hunden, Katzen oder Hamstern eingehen. Besonders die rein philosophischen Beiträge verweisen allerdings selbst auf ihre Grenzen, wenn es um konkrete Anwendungen der gewonnen Erkenntnisse geht. Markus Wild steuert einen sehr schlüssigen Text über die Philosophie des Geistes bei, in dem ausdrücklich Grundlagenarbeit geleistet wird. Was auf die Schlussfolgerung, dass Fische Schmerzen erleben, folgen muss, bleibt unbeantwortet. Dass die Zuschreibung geistiger Phänomene bei nichtmenschlichen Tieren allerdings Auswirkungen auf den wissenschaftsbasierten Tierschutz haben sollte, lässt sich herauslesen. Zurückhaltender gibt sich Michael Rosenberger in seinem moraltheologischen Beitrag, in dem er den Vegetarismus, in Analogie zu Ehelosigkeit und Armut, lediglich als Lebensweise eines evangelischen Rates als geeignet ansieht.

Gemeinsamkeiten, die sich trotz der unterschiedlichen Blickpunkte als roter Faden durch das Buch ziehen, sind: die Diskussion des veränderten Tierbildes in der heutigen Gesellschaft; der Abgleich moralischer Normen mit der Wirklichkeit; eine verstärkte Reflexion über moralische Hierarchien und sich daraus ableitende Verpflichtungen Tieren gegenüber; und schließlich der Appell an die Handlungsmacht Einzelner. Gleich mehrere Autor_innen widmen sich der Tierwürde. Peter Kunzmann und Kirsten Schmidt argumentieren darauf aufbauend für ein Integritätskonzept der philosophischen Tierethik, das Mensch-Tier-Beziehungen verbessern kann, indem es zugleich anthroporelational und zoorelational denkt und somit weder anthropo- noch zoozentrisch ist. So lässt sich auch der literaturhistorische Beitrag von Roland Borgards, der einen Blick auf Agency-Theorien wirft, als Form eines Auslotens des Handlungsspielraums lesen, der dem Tier einen Status zwischen Subjekt und Objekt verleiht, der sich aus einer Vernetzung – einem materiell-semiotischen Knoten – ergibt. Hiermit sind wir direkt bei einer Lesart des gesamten Sammelbands: Tierschutz kann nur umgesetzt und vorangetrieben werden, wenn die breite Masse mitarbeitet: also beispielsweise die Konsument_innen von der Landwirtschaft keine Wunder erwarten, wenn sie nicht bereit sind, mehr Geld für tierische Produkte auszugeben. Konflikte zwischen Veterinärmedizin und Tierschutz, wie sie sich in den Bereichen Zoo, Tierversuche und Landwirtschaft finden, werden auch über das Spannungsfeld Wirtschaftlichkeit versus Wissenschaftlichkeit erklärt. Aus den Beiträgen ergibt sich, dass Empathie und Wissen gleichermaßen in den Tierschutz hineinspielen und dass ein Ausbau der wissenschaftlichen Grundlagen neue Wege in der Praxis ebnen kann.

Der Sammelband kann als Einstieg in das Thema genutzt werden. Gerade durch die Fülle der Informationen stellt das Buch eine nützliche, für Laien eventuell herausfordernde Lektüre dar. Die einzelnen Texte sind komplex und ihren Disziplinen treu. Für den gedanklichen Sprung von der Rechtswissenschaft, über Philosophie und Verhaltensbiologie hin zur Veterinärmedizin braucht es sicherlich mehr als einen Atemzug. Wenige Neuveröffentlichungen schaffen es aber, Interdisziplinarität so gelungen umzusetzen. Im Sinne von Netzwerken wie *Minding Animals* ist dieses Werk auch deshalb interessant, weil es Fälle aus Deutschland, Österreich und der Schweiz gleichermaßen betrachtet. So werden nicht nur Brücken über Disziplinen, sondern auch über Ländergrenzen hinweg geschlagen. Die Grenze zwischen Mensch und Tier allerdings bleibt bestehen. Für eine kontroversere Diskussion würde das Werk von einem Beitrag aus den Critical Animal Studies profitieren. Die aufgezeigten neuen Forschungsfelder sollten von allen Seiten betreten werden. Die notwendigen nächsten Schritte dazu werden aufgezeigt. Gegangen werden müssen diese kollektiv.

Herwig Grimm / Carola Otterstedt (Hrsg.): *Das Tier an sich. Disziplinenübergreifende Perspektiven für neue Wege im wissenschaftsbasierten Tierschutz.* Vandenhoeck & Ruprecht. Göttingen, Oktober 2012, 388 S. mit 4 Abb. Gebunden 39,99 € (D) / 41,20 € (A) / 50,90 CHF (ISBN 978-3-525-40447-8).

Der Schwarm als Metapher der Undurchsichtigkeit

Sebastian Vehlken: *Zootechnologien. Eine Mediengeschichte der Schwarmforschung.*

Rezensiert von Johanna Tönsing

Ich kann nicht telefonieren, ohne ein Rauschen zu vernehmen. Die Unterdrückung derartiger Störungen in der Kommunikation ist Voraussetzung nicht nur für technische Entwicklungen, z. B. in der Smartphoneindustrie, sondern auch generell für das Funktionieren von Informationsübertragung. Während das Rauschen in traditionellen Theorien als Störmoment wahrgenommen wird, das es mehr oder weniger stark *auch* zu beachten gilt, ist es beispielsweise in Serres Theorie[1] das Fundament der Informationsübertragung, die immer auf einem Akt der Rauschunterdrückung basiert. In einem ständigen Wechselspiel kann die Botschaft nicht mehr von Sender und Empfänger unterschieden werden. Ein Fisch innerhalb eines Schwarms ist die geeignete Metapher hierfür, denn er richtet seine Position nach den anderen Fischen aus und ist selbst wiederum Botschaft zur Positionsbestimmung für die anderen Fische.

Die voraussetzungsreiche Dissertation Vehlkens liest die Schwarmgeschichte ebenfalls als Versuch, das Rauschen, welches sich zwischen den Schwarm als Wissensobjekt und den Forscher stellt, zu unterdrücken. Als Konglomerat des Nicht-Wissens macht der Schwarm, qua seiner dynamischen, führerlosen Bewegungsabläufe, auf sich selbst als unerforschbares Ganzes, das mehr als die Summe seiner Teile ist, immer schon aufmerksam. Anthropomorphisierende Ansätze wurden von biologischen Labor- und Feldforschungen abgelöst; zahlenbasierte Analysen sollten schließlich die nicht darstellbaren Schwärme statistisch aufbereiten, um so den Grundstein für Cyberschwarmmodelle zu legen.

Scheinbar kommen an dieser Stelle Gegenstand und Darstellung zur Deckung, denn die Computerisierung der Biologie führt zur Einebnung des *zu erkennenden Objekts*, des *erkennenden Mediums* und *des Erkennenden* und lässt damit den Schwarm zu einer seltsamen Metapher für Erkenntnisvorgänge werden. Die Informationsübertragung zwischen den Schwarmindividuen gleicht einer Epistemologie, die sich scheinbar immer weniger naiv ihrem Gegenstand nähert und etwaige Störungen in der wissenschaftlichen Annäherung nicht nur mitdenkt, sondern einkalkuliert. Agentenbasierte Computermodelle sorgen für eine ‚realitätsnahe' Darstellung von Schwärmen und lassen das Wissen über gelungene Informationsübertragungen innerhalb des Schwarms auch für andere Bereiche produktiv werden. Das Wissen

1 Vgl. Michel Serres: *Der Parasit.* Frankfurt am Main: Suhrkamp 1987.

des Schwarms ist für andere Diskurse, in denen es um die Optimierung von Informations- und Wissensübertragung geht, wie etwa in der Panikforschung oder im militärischen Kontext, also nutzbar.

Jedoch, und das ist aus Vehlkens Arbeit zu lernen, hat das Rauschen nicht etwa abgenommen, sondern es ist nur weniger hörbar. Glättungsvorgänge in der Programmierung von Cyberschwärmen und der Entzug natürlicher (und damit gestörter) Kommunikationsvorgänge sorgen erst für die Übertragbarkeit auf andere Bereiche.

Jenseits der ehrenwerten Hoffnung auf hierarchielose Gruppenentscheidungen aller Art ist nicht zu vergessen, dass es bei diesen (metaphorischen) Übertragungsleistungen nicht mehr nur dezidiert um Schwarmforschung geht. Effizienz und Nützlichkeitsdenken treiben die Schwarmforschung voran. Doch um sogenannte *Schwarmintelligenz* überhaupt erst nutzbar machen zu können, ist es nötig, in der Programmierung von computerbasierten Schwarmmodellen Variablen zu glätten und die komplexen Vorgänge innerhalb der Schwarmkommunikation vereinfachend zu betrachten. Diese Glättungsvorgänge werden allerdings verschwiegen, um menschliches Verhalten und Schwarmverhalten gleichsetzen zu können. Die dahinterstehende Kontrollmacht wird quasi unsichtbar und damit wird die Künstlichkeit der Schwarmforschung naturalisiert.

Vehlken macht darauf aufmerksam und möchte den Schwarm als eine Metapher betrachtet wissen, die das Rauschen veranschaulicht, um ihn stark gegen ideologische Aufladungen zu machen, die auf dem Weg von der sogenannten Schwarmintelligenz hin zu anderen Feldern geschehen und anschließend kaschiert werden. Computermodelle, die es erlauben, Vorgänge innerhalb des Schwarms auf menschliche Kollektive zu übertragen, haben wenig mit dem biologischen Schwarm zu tun.

Vehlkens aufklärerischer Anspruch, in einer reflektierten Weise vom Schwarm als Metapher zu sprechen und damit nicht nur die Schwarmforschung, sondern auch Wissenschaftlichkeit im Allgemeinen einer erkenntniskritischen Strenge zu unterziehen, verhindert, Schwarmforschung als biopolitisches Instrument zu missbrauchen.

Sebastian Vehlken: *Zootechnologien. Eine Mediengeschichte der Schwarmforschung.* Diaphanes. Zürich / Berlin, 2012, 442 S.
Paperback 39,90 € (ISBN 978-3-03734-176-6).

Spuren und Gefährten

Historische Anthropologie 19,2: *Tierische (Ge)Fährten*,
hrsg. v. Gesine Krüger / Aline Steinbrecher.

Rezensiert von Katja Kynast

Bereits 2011 erschien diese Ausgabe der Zeitschrift *Historische Anthropologie*, die in präzisen Studien die Fährten und Spuren „tierischer Gefährten“ aufnimmt und dabei zugleich die theoretischen und methodischen Möglichkeiten eines geschichtswissenschaftlichen *animal turn* auslotet. In historischer Perspektive wird tierlich-menschlichen Näheverhältnissen – genetischer, mimetischer, räumlicher, emotionaler Nähe oder auch der Nähe zur NS-„Volksgemeinschaft“ –, deren Genealogien und Effekten nachgegangen. Der Band verhandelt dabei vorrangig Tiere, an die beim Stichwort „Gefährten“ wohl zuerst gedacht wird – also Hunde, Pferde, Katzen und nicht Plattwürmer, Mücken oder Tauben. Explizit soll sich, laut Editorial, auf sogenannte „reale Tiere“ und deren Wirkmächtigkeit bezogen werden. Es tut dem Band jedoch nur gut, sich selbst nicht zu streng an diese Vorgabe zu halten.

Dem Tier als Wissensfigur widmet sich Pascal Eitlers Studie, wenn er die genealogische Verbundenheit einer Wissens- und Emotionsgeschichte der Menschen und Tiere beschreibt. Eitler arbeitet heraus, wie sich im 19. Jahrhundert im Schnittfeld von Theologie und Erziehungslehre sowie Physiologie und Evolutionstheorie ein neues Wissensregime über Tiere und ihre Gefühle entwickelte, das nur mehr graduell und nicht prinzipiell zwischen tierlichen und menschlichen Emotionen unterscheidet. Neben der Emotionalisierung der Tiere wirft er Licht auf die Emotionalisierung der Mensch-Tier-Beziehung, wie sie sich in der öffentlichen Verhandlung von Emotionen zeigt und den entstehenden Tierschutzbewegungen zugrunde liegt.

Anhand von Verhandlungen räumlicher Nähe und Distanz, wie sie sich etwa mithilfe von „Policey-Verordnungen“ erschließen lassen, ermittelt Aline Steinbrecher den Stellenwert von Hunden in den Städten der Frühen Neuzeit und Sattelzeit. Hunde lassen sich, so ein Ansatzpunkt, gerade anhand von Quellen, die ihre Regulierung und Disziplinierung dokumentieren, als soziale Akteure erfassen: Wo es eine Verordnung gibt, kann von einer vorgängigen Überschreitung, das müsste hier heißen von einer tierlichen *Agency*, ausgegangen werden. Mittels dieser Verordnungen sowie Vermisstenanzeigen und Veduten beschreibt Steinbrecher Hunde als Teil der städtischen Gesellschaft mit ihren Grenzziehungen und Verwobenheiten.

Maren Möhrings Analyse der „rechtlich-politischen Neujustierung der Tier-Mensch-Beziehung“ (231) im Nationalsozialismus fokussiert auf den Lebensbegriff, der sowohl den Tierschutzgesetzen als auch den Nürnberger Gesetzen zugrunde lag. Die Grenze zwischen Mensch und Tier als Entscheidungskriterium für tötbares Leben falle, so zeigt sich hier, in ihrer Gewichtung zurück hinter rassistisch begründete Unterscheidungen in nützlich und unnütz, der ‚Volksgemeinschaft‘ zuträglich oder schädlich. Rasse und nicht mehr die Mensch-Tier-Grenze werde so zum entscheidenden Differenzkriterium. Der Einschluss von Tieren, so macht Möhring deutlich, war auf diese Weise konstitutiv mit dem Ausschluss von Menschen verknüpft und der Tierschutz eben gerade kein Paradox zur Menschenvernichtung, sondern integraler Bestandteil der Neuordnung der Gesellschaft auf völkisch-rassistischer Grundlage.

Das Feld der genetischen und mimetischen Nähe schließlich sichtet Paul Münch, wenn er den anthropologischen und zoologischen Verbindungs- und Trennungsgeschichten von Affe und Mensch von der Idee einer Scala Naturae bis hin zu „unreflektierten Anthropomorphisierungen“ (189) der heutigen Ethologie nachgeht.

Die Positionen des Bandes hinsichtlich des Status der Tiere scheinen vielfältig, wenn nicht divergent; wo Münch Volker Sommers Selbstdefinition als Affenmensch/Menschenaffe als „Extremposition“ (188, Fußnote 69) verwirft, möchte Steinbrecher den Subjektstatus auf Hunde der Vormoderne erweitern. Der Gewinn dieses Heftes liegt eben darin, dass jeder Beitrag auf seine Weise grundlegende Referenzen, Theoreme und Methoden des Animal Turn reflektiert und Ausblicke in die Forschung gibt. Insbesondere die Beiträge von Steinbrecher, Eitler und Möhring sind außerdem bemerkenswerte Beispiele dafür, wie eine Auseinandersetzung mit den Tieren und den Tier-Mensch-Beziehungen Erkenntnisse und Präzisierungen in den verschiedensten Fachgebieten, hier der Stadt- und Raumforschung, Emotionsgeschichte oder Geschichte des Nationalsozialismus ermöglicht.

Historische Anthropologie. Kultur – Gesellschaft – Alltag 19,2: *Tierische (Ge)Fährten*, hrsg. v. Gesine Krüger / Aline Steinbrecher.
Böhlau. Köln / Weimar / Wien, 2011, 160 S.
Broschur 24,90 € (ISBN 978-3412207977).

Anthropologische Selbsterkenntnis in Dispositionen des Humanen und Animalischen um 2000

Julia Bodenburg: *Tier und Mensch. Zur Disposition des Humanen und Animalischen in Literatur, Philosophie und Kultur um 2000.*

Rezensiert von Belinda Kleinhans

Julia Bodenburgs Studie *Tier und Mensch. Zur Disposition des Humanen und Animalischen in Literatur, Philosophie und Kultur um 2000* beschäftigt sich mit der Frage nach dem Tier als Medium anthropologischer Selbsterkenntnis. Bodenburg charakterisiert die Situation des Tieres als durch extreme Positionen gekennzeichnet: Durch die Erkenntnisse der modernen Biowissenschaften, beginnend mit der Entdeckung der DNA-Doppelhelix-Struktur 1950, würde die Frage nach menschlichem und tierischem Leben mit zuvor nicht gekannter Dringlichkeit gestellt, da sie die Grenze zwischen Mensch und Tier destabilisierten.

Bodenburg identifiziert drei Symptome des gegenwärtigen Tier-Mensch-Verhältnisses: 1) die posthumanistische Krise, die sich aus dem *Genetic Engineering* ergibt; 2) Blickkonstellationen zwischen Mensch und Tier, welche die anthropologische Differenz in Szene setzen sowie 3) ethische Konstruktionen im biopolitischen Zeitalter. Zentral für ihre Analyse sind die Leitbegriffe der „Disposition des Humanen und Animalischen" und das Tiernarrativ. Den Begriff der Disposition, der Rhetoriktheorie entlehnt, beschreibt sie im Rekurs auf Michel Foucault und Giorgio Agamben als „eine Art Maschine, deren Teile in einer Weise zusammenarbeiten, dass sie mittels Ausschließungsverfahren etwas hervorbringt: das Menschliche, das Tierische" (37). Das Tiernarrativ, welches mit dem Tier als Motiv, Vergleich oder Metapher arbeitet um Wissen im rhetorischen Verfahren zu produzieren, setzt sie als Erzählmuster, anhand dessen der Mensch über sich selbst im Zeichen des Tieres sprechen kann.

Bodenburg verbindet mehrere philosophische Positionen im Spektrum des Posthumanismus: von Donna Haraways *Technoscience* und *Animal-Agency*-Theorien über Agambens Ausnahmefigur des *Homo Sacer* bis hin zu Peter Sloterdijks Anthropotechnik und Peter Singers Tierethik. Vor diesem Hintergrund analysiert sie posthumane literarische Szenarien, die sie in Günter Grass' *Die Rättin* sowie in Michel Houellebecqs Klonromanen *Elementarteilchen* und *Die Möglichkeit einer Insel* findet. Zentral hierfür sind interdiskursive Anschlüsse an Erkenntnisse der Bio- und der Gentechnologie. Den posthumanistischen Szenarien stellt sie Blickverhältnisse zwischen Tier und Mensch wie in *ZOOM Erlebniswelt Gelsenkirchen*-Zoos, Werner Herzogs Film

Grizzly Man und Marcel Beyers Roman *Kaltenburg* zur Seite. Sie endet mit der Analyse einer Tierethik anhand der Texte *Das Leben der Tiere* und *Schande* von J. M. Coetzee.

Die Studie leistet in dem Feld der *Cultural and Literary Animal Studies* im deutschsprachigen Kontext durch die Integration von posthumanistischen und biopolitischen Perspektiven einen wichtigen Beitrag, da diese bisher noch unterrepräsentiert sind. Bodenburgs Integration aktueller biotechnologischer und biopolitischer Diskurse bietet eine neue Lesart der untersuchten Texte, welche die Problematik der anthropologischen Differenz und der menschlichen Selbsterkenntnis ins Zentrum rückt und trotz der posthumanen Tendenzen einen überraschend anthropozentrischen Kern offenbart.

Hier werden auch die Grenzen der Studie deutlich, die sich am ehesten in den posthumanen Humanismus einordnen ließe, da sie trotz der Verhandlung von posthumanen Themen im Rahmen der Biopolitik und der Konzentration auf Tiere letztendlich den Menschen wieder in den Vordergrund stellt. Die Fokussierung auf den Menschen erklärt sich auch aus den beiden Analyseleitbegriffen, die das Tier eher in seiner erzählerischen Funktion und somit als Medium der anthropologischen Selbsterkenntnis für den Menschen in seiner semiotischen Existenz fassen und die eine Lesart des Tieres als diegetisches Tier, wie Roland Borgards sie vorschlägt,[1] ausschließen. Somit reduziert Bodenburg die Tiere in den diskutierten kulturellen Artefakten durch ihren theoretischen Blickwinkel wieder auf Objekte, anstatt auch diegetische Lesarten stark zu machen, in denen das Tier selbst auch eine Subjektposition einnehmen kann. Entsprechend handelt die Studie vom Animalischen im Menschen und vom Menschlichen im (Text-)Tier, ohne die Grenze zwischen beiden wirklich aufzulösen.

Zusammenfassend ist zu sagen, dass Bodenburgs ambitionierte Studie in ihrer Fülle an Material und dem sehr ausführlichen Überblick über literaturwissenschaftliche, biopolitische und ethische Konzepte in Bezug auf Mensch und Tier in keiner aktuellen Bibliothek, die sich mit dem Thema Biopolitik oder der Frage nach Mensch und Tier beschäftigt, fehlen sollte.

Julia Bodenburg: *Tier und Mensch. Zur Disposition des Humanen und Animalischen in Literatur, Philosophie und Kultur um 2000.*
Rombach. Freiburg i. Br. / Berlin / Wien, 2012, 437 S.
Paperback 64 € (ISBN 978-3-7930-9654-2).

1 Roland Borgards: Tiere in der Literatur. Eine methodische Standortbestimmung. In: Herwig Grimm / Carola Otterstedt (Hrsg.): *Das Tier an sich. Disziplinen übergreifende Perspektiven für neue Wege im wissenschaftsbasierten Tierschutz*. Göttingen: Vandenhoeck & Ruprecht 2012, S. 87–118.

Über Tiersein, Menschsein, Worte und Taten

Aaron Gross / Anne Valley (Hrsg.): *Animals and the Human Imagination. A Companion to Animal Studies.*

Rezensiert von Tabea Weber

Der von Aaron Gross und Anne Valley herausgegebene vorliegende Band ist gut zugänglich und stellt eine erfrischende Ergänzung zu älteren Kompendien dieser Art dar. Schon das Vorwort von Jonathan Safran Foer in Form einer allgemeinen Kurzbetrachtung zur Omnipräsenz und Ambivalenz der Beziehung zwischen Menschen und Tieren bekräftigt den Eindruck von diesem Buch als einem interdisziplinären und thematisch – auch gegenüber der Populärkultur – offenen Werk, das nicht ausschließlich auf abstrakter Ebene argumentiert und analysiert, sondern auch die alltägliche Lebenswelt menschlicher und nichtmenschlicher Kreaturen in den Blick nimmt.
Darauf, dass es hier um kritische Basisreflektionen zum Tiersein und damit um die Definition des Menschen selbst geht, lässt schon der Titel schließen, welcher Tiere und die menschliche Vorstellung verknüpft. Der Einführungsteil benennt die Animal Studies als einen „Raum des Widerstands" (2) und Gross appelliert für die Notwendigkeit einer andauernden Selbstreflexion, wann immer es zur Betrachtung oder zum Vergleich von Tieren mit Menschen kommt. So wird etwa gerade der Sprache in den verschiedenen Beiträgen fortlaufend Beachtung geschenkt. Die Frage nach Sprache oder Sprachlosigkeit außerhalb der Sphäre des Menschlichen findet ebenso Erwähnung wie die Problematisierung von Begriffskategorien. Gleich eingangs mahnt Gross dazu, insbesondere innerhalb des akademischen Diskurses zum Mensch-Tier-Verhältnis bewusster mit Bezeichnungen wie „menschlichen Tieren" umzugehen, da diese selbst Gefahr liefen, althergebrachte und kritisierte Grenzziehungen erneut zu zementieren.
Beispielhaft werden typische Dichotomien (etwa Menschen als beseeltes / Tiere als unbeseeltes Leben) dominanter christlicher Kulturen genannt, welche fortdauernd die Kategorien „Mensch" und „Tier" sowie die menschliche Sonderstellung über das „animal plus" (3) hinaus postulierten. Der Vorwurf Jacques Derridas, dass auch die Philosophie weiterhin das Dogma dieser Grenzziehung wiederhole, findet ebenso Erwähnung wie die folgerichtige und als Ziel dieser Veröffentlichung genannte Forderung nach Beiträgen zu einer Hermeneutik, die vergleichbar wäre mit dem ‚Race'-Diskurs oder der feministischen Theorie.
Ausgangspunkt aller enthaltenen Texte aus diversen Fachgebieten, von Anthropologie über Kunstgeschichte bis hin zu den Gender Studies, ist die

These, dass Menschen sich seit jeher über ihr Konzept des Tieres selbst definiert haben. Beispiele aus diversen Lebenswelten dienen zur Illustration der philosophischen und alltagspraktischen Ideen und Problematiken, die mit der Mensch-Tier-Beziehung verbunden sind.

So befasst sich, um nur einige Beispiele zu nennen, in der ersten Sektion „Other Animals: Animals Across Cultures" Tim Ingold aus anthropologischer Perspektive mit Jagd- und Sammlerkulturen, indem er Kritik an der Festschreibung von Natur und Kultur als antagonistisch übt. Ingold plädiert für einen auf Geschlossenheit statt Trennung basierenden Umweltbegriff, welcher das Leben und die Interaktion von Subjekten anstelle theoretischer Grenzkonstruktionen in den Fokus rückt. Carla Nappi indes betrachtet aus der Warte der chinesischen Geschichte heraus Darstellungen von Wesen, deren Bestimmung nach den Kategorien menschlich und nichtmenschlich unmöglich ist. Im zweiten Teil „Animal Matters: Human/Animal and the Contemporary West" analysiert u.a. Cynthia Chris anhand der MTV-Produktion *Wildboyz* Ideen von Animalität und Menschsein. Hierbei kommt sie zu dem Schluss, dass bei allen speziesübergreifenden Stuntmomenten der Serie letztlich die Gewissheit bleibt, dass die Tiere, wie das menschliche Selbst, nie völlig ergründbar sind, und die wahrgenommene eigene Grenze mit einem, im Sinne Freuds, befreienden Lachen quittiert wird. Im dritten Teil „Animal Others: Theorizing Animal/Human" finden sich schließlich diverse philosophische Theoretisierungen speziesübergreifender Vorstellungen von Kommunikation, Empathie und Gemeinschaft.

Dem Anspruch, sowohl einen Einstieg in das Feld der Animal Studies zu liefern als auch neue Impulse für diese Forschung bereitzustellen, wird das vorliegende Werk speziell durch seine Disziplinen- und Quellenvielfalt gerecht. Dabei werden beispielsweise Theoreme von Jacques Derrida oder Julia Kristeva mit unterschiedlichsten medialen und historischen Phänomenen von südindischer Agrarwelt bis zu Kinderliteratur auf fruchtbare Weise verknüpft. Es bleibt der Eindruck einer Publikation, in der man sich nicht scheut, Position zu beziehen, und die die eigentliche Basis der Diskussion nie aus dem Blick verliert: Die Existenz von Individuen, seien diese nun real oder rein medial vermittelt.

Aaron Gross / Anne Valley (Hrsg.): *Animals and the Human Imagination. A Companion to Animal Studies.*
Columbia University Press. New York, April 2012, 392 S.
Leinen 89,50 US$ (ISBN 978-0-231-15296-9); Paperback 29,50 US$ (ISBN 978-0-231-15297-6).

Abbildungsnachweise

Anna Grasskamp: Metamorphose in Rot
Abb. 1: Musée National de la Renaissance, Ecouen, Inv.-Nr. E.Cl. 20750.
© bpk – Bildagentur für Kunst, Kultur und Geschichte.
Abb. 2: Staatliche Kunstsammlungen Dresden, Grünes Gewölbe, Inv.-Nr. IV 261.
© bpk – Bildagentur für Kunst, Kultur und Geschichte.
Abb. 3: Kunsthistorisches Museum Wien, Sammlungen Schloss Ambras, Inv.-Nr. AM_PA_961.
© Kunsthistorisches Museum, Wien.
Abb. 4: Kunsthistorisches Museum Wien, Kunstkammer, Inv.-Nr. KK_897.
© Kunsthistorisches Museum, Wien.

Manuela Rossini: Submarine Spielformen
Abb. 1: © Manfred Wakolbinger, 2003, www.manfredwakolbinger.at.

Silke Förschler: Die Ästhetik der Metamorphose
Abb. 1, 3: Staatsbibliothek zu Berlin, Preußischer Kulturbesitz.
Abb. 2: Kurt Wettengl (Hrsg.): *Maria Sibylla Merian 1647–1717, Künstlerin und Naturforscherin.* Ostfildern-Ruit: Hatje Cantz 1997, S. 61.
Abb. 4: Bibliothèque nationale de France, Département des Estampes et de la Photographie, Paris.

André Krebber: Metamorphosen des Subjekts
Abb. 1: Holländisches Original im Bestand der Smithsonian Libraries.
http://archive.org/stream/Metamorphosisin00Meri#page/6/mode/1up (Zugriff am 20.08.2013).

Volker Eichelmann: *Metamorphosis (I wanna know, yeah, I wanna know)* (2013)
© Volker Eichelmann, 2013, mit freundlicher Genehmigung von Ancient & Modern, London, und Galerie Andreas Huber, Wien.

Hörner/Antflinger: *Kramfors* (2012)
© Ute Hörner / Mathias Antlfinger, 2012.

Call for Papers: Tiere und Raum

Tierstudien 06, Herbst 2014

Herausgegeben von Jessica Ullrich

Animal Geography, Animal Architecture oder Animal Citizenship sind grundlegende Themen der Animal Studies. In der sechsten Ausgabe von *Tierstudien* soll es daher um die Räume gehen, die Menschen Tiere zuweisen bzw. die Tiere sich selbst aneignen. Denn oft definieren Menschen Tiere über den Ort, an dem sie sich freiwillig oder zwangsweise aufhalten, und bilden Kategorien wie z.B. Haustiere, Bauernhoftiere, Labortiere, Zootiere, Zirkustiere, Tierheimtiere, exotische Tiere, heimische Tiere, wilde Tiere, aber auch Meerestiere, Weinbergschnecken, Berglöwen, Darmparasiten, Bettwanzen etc. Manche Spezies tragen den Ort, aus dem sie stammen, im Namen, wie etwa der Weimaraner, der Friese oder die Burmakatze.

Dabei können Räume sowohl einschließen wie ausschließen, marginalisieren wie fokussieren. Euphemismen wie Gehege, Reservat oder Voliere verschleiern, dass die Zuweisung von Räumen genau wie deren Eroberung immer auch eine Herrschaftsgeste ist. Ob sich ein Wesen vor oder hinter Gittern befindet bzw. vor oder hinter einer Kameralinse, legt hierarchische Strukturen offen. Vielen sogenannten Haustieren wird nur ein geringer Bewegungsradius zugestanden: Singvögel werden in Käfigen gehalten, Fische in Aquarien, Hofhunde werden an die Kette gelegt, manche Katzen dürfen das Haus nie verlassen.

Während viele menschliche Räume für Tiere unbetretbar sind („Wir müssen draußen bleiben.“), hat der Ökotourismus die letzten Flecken vermeintlich unberührter Natur für Menschen geöffnet. Andererseits reisten nichtmenschliche Tiere bereits vor den menschlichen in den Weltraum oder halten sich an Orten auf, die für Menschen unbewohnbar sind, wie etwa der Tiefsee. Für manche Tiere kann es tödlich werden, wenn sie unsichtbare Grenzen überschreiten, man denke nur an den „Problembären“ Bruno.

Das Habitat selbst ist im Grunde eine Verbform (er, sie, es wohnt) und muss somit immer auch performativ gedacht werden. Viele nicht-menschliche Tiere markieren ihre Territorien, um von einem selbstgewählten Raum Besitz zu nehmen, andere verändern aktiv ihren Lebensraum. Räume beeinflussen also die Beziehungen und Interaktionen von menschlichen und nicht-menschlichen Tieren. Beide mögen andere Umwelten haben, doch sie teilen miteinander eine Welt.

Wir suchen insbesondere nach Beiträgen aus dem geisteswissenschaftlichen Bereich, kritische Analysen von Literatur, bildender Kunst, Film, Theater, Musik, aber auch Texte zu relevanten Aspekten der Populärkultur sowie soziologischen und ethologischen Themen sind willkommen.

Es könnte z.B. reflektiert werden, warum die Zone des Tieres in der Literatur und Philosophie mal als „das Offene" imaginiert wird und mal als dessen genaues Gegenteil. Die Texte könnten sich damit beschäftigen, welchen konkreten Einfluss die Zerstörung von Lebensraum für Tiere hat oder was der laut Tierschutzgesetz vorgeschriebene Raumbedarf sogenannter Nutztiere über unser Verhältnis zu anderen Arten sagt. Auch könnte der Sinn und Unsinn von Umsiedlungsmaßnahmen von Wildtieren diskutiert werden oder, wie sinnvolle Orte der Koexistenz von Arten geschaffen werden können. Es könnte nach der raumgestaltenden und konstruktiven Kraft von Tieren gefragt werden oder danach, welche Landschaftsformen auf tierliche Aktivität zurückgehen.

Ein anderer Aspekt wäre die Untersuchung der körperlichen und geistigen Fähigkeiten von Tieren bei der räumlichen Orientierung: Einige Tierarten navigieren nach inneren Landkarten, andere nutzen Magnetfelder oder Ultraschallwellen. Dabei könnte diskutiert werden, ob Tiere tatsächlich eher in Räumlichkeiten denken und Menschen in Zeitlichkeit. Ein weiteres mögliches Thema wäre die Analyse der rahmenden Schauanordnung des medialen Tieres als Dispositiv der Kontrolle.

Abstracts von nicht mehr als 2.000 Zeichen senden Sie bitte bis zum 1. Februar 2014 an jessica.ullrich@neofelis-verlag.de. Die fertigen Texte dürfen 25.000 Zeichen nicht überschreiten und müssen bis zum 1. Juni 2014 abgegeben werden. Danach gehen sie zum Peer Review an den wissenschaftlichen Beirat von *Tierstudien*. Erscheinungsdatum der Ausgabe ist Anfang Oktober 2014.

Nebulosa

Zeitschrift für Sichtbarkeit und Sozialität

hrsg. v. Eva Holling, Matthias Naumann und Frank Schlöffel

Die interdisziplinäre Fachzeitschrift *Nebulosa* fokussiert innerhalb des weiten Feldes kulturwissenschaftlicher Fragestellungen auf soziale Praktiken der Sichtbarkeit. Das Interesse der Zeitschrift zielt darauf zu untersuchen, wie mit Konstruktionen von Sichtbarkeit innerhalb verschiedenster sozialer Formationen diskursiv geregelt wird, was in welchen Formen praktizierbar, wahrnehmbar und darstellbar ist.

Nebulosa erscheint zweimal jährlich. Jedes Heft besteht aus einem Thementeil und einem Forum. Die Zeitschrift ist als Printausgabe (€ 22) und als E-Journal (€ 20) abonnierbar. Das Abonnement gilt jeweils für ein Kalenderjahr. Wenn Sie *Nebulosa* abonnieren möchten, richten Sie bitte eine E-Mail an vertrieb@neofelis-verlag.de, rufen Sie uns unter der Telefonnummer 030/67969100 an oder nutzen Sie das Onlineformular, das wir Ihnen auf unserer Webseite unter der Adresse www.neofelis-verlag.de zur Verfügung stellen.

Bereits erschienen:

Wahrnehmung und Erscheinen (Heft 01/2012), 172 S.
ISBN 978-3-943414-00-4

Subversion (Heft 02/2012), 144 S., ISBN 978-3-943414-06-6

Gespenster (Heft 03/2013), 172 S., ISBN 978-3-943414-09-7

Maßnehmen / Maßgeben (Heft 04/2013), ca. 160 S.
ISBN 978-3-943414-11-0

Weitere Informationen zu *Nebulosa* unter:
www.neofelis-verlag.de/zeitschriften/nebulosa/

Räume, Denken

Das Theater René Polleschs und Laurent Chétouanes

Tim Schuster

Sie gelten häufig als zwei Antipoden des deutschsprachigen Gegenwartstheaters: René Pollesch und Laurent Chétouane. Das Theater des einen ist trashig, popkulturell, bildreich und schnell, es bedient sich aus allen Diskursen und schreibt diese weiter in Auseinandersetzung mit sozialen und politischen Fragen der Gegenwart; das Theater des anderen ist minimalistisch und schöpft seine Kraft aus der Reduktion, ist ganz auf das einzelne Wort, die einzelne Bewegung bedacht, die auf der Bühne erscheint.

In dem Bestreben, die Bühne zum Denkraum zu machen, sieht Tim Schuster allerdings eine entscheidende Gemeinsamkeit des Theaters von René Pollesch und Laurent Chétouane, die ihn zu einem Vergleich dieser beiden so unterschiedlichen Theaterästhetiken führt. Im Zentrum der Studie steht das Verhältnis von Text, Körper und Raum und wie dieses im postdramatischen Theater gedacht werden kann. Nach einem theoretisch fundierten einleitenden Teil zeigt Schuster an ausgewählten Inszenierungen der beiden Theatermacher die parallele Auseinandersetzung mit dem Denken der Bühne, von Text, Körper und Raum auf. Er analysiert anhand verschiedener Arbeiten Polleschs (z. B. *www.slums*, *Cinecittà Aperta*, *Liebe ist kälter als das Kapital*) bzw. Chétouanes (z. B. *Tanzstück #1: Bildbeschreibung*, *Empedokles/Fatzer*, *Dantons Tod*) ganz unterschiedliche Formen, den Raum zu denken, vorzustellen und als einen Raum gemeinsamer Erfahrung zu gestalten.

ca. 350 S., € 26, September 2013, ISBN 978-3-943414-46-2

Weitere Informationen zu *Räume, Denken* unter:
www.neofelis-verlag.de/theater-performance/raeume-denken/